혼자를 권하는 사회

혼자를 권하는 사회

초판 1쇄 인쇄 2019년 1월 30일
초판 1쇄 발행 2019년 2월 15일

지은이 모니크 드 케르마덱
옮긴이 김진주

펴낸이 이상순 **주간** 서인찬 **편집장** 박윤주 **제작이사** 이상광
기획편집 박월, 김현정, 이주미, 이세원 **디자인** 유영준, 이민정
마케팅홍보 이병구, 신희용, 김경민 **경영지원** 고은정

펴낸곳 (주)도서출판 아름다운사람들
주소 (10881) 경기도 파주시 회동길 103
대표전화 (031) 8074-0082 **팩스** (031) 955-1083
이메일 books777@naver.com
홈페이지 www.books114.net

생각의길은 (주)도서출판 아름다운사람들의 교양 브랜드입니다.

ISBN 978-89-6513-533-3 03180

Un Sentiment De Solitude
© Edition Albin Michel - Paris 2017
Korean language edition © 2019 by Beautiful People
Korean translation rights arranged with Edition Albin Michel through
EntersKorea Co., Ltd., Seoul, Korea.

이 책의 한국어판 저작권은 (주)엔터스코리아를 통한 저작권사와의 독점 계약으로 도서출판 아름다운사람들이 소유합니다.

이 도서의 국립중앙도서관 출판예정도서목록(CIP)은 서지정보유통지원시스템 홈페이지(http://seoji.nl.go.kr)와
국가자료종합목록시스템(http://www.nl.go.kr/kolisnet)에서 이용하실 수 있습니다. (CIP제어번호 : CIP2019000532)

혼자를 권하는 사회

모니크 드 케르마덱 지음 · 김진주 옮김

주눅 들지 않고 나를 지키면서
두려움 없이 타인을 생각하는 심리학 공부

차 례

왜 누군가에겐 혼자가 힘이 되고
누군가에겐 고통이 되나?

고독은 야누스와 같다. 고독은 항상 두 얼굴을 지니고 있다. 그리고 야누스처럼, 그 두 얼굴은 가장 극명하게 대립한다. 그중에는 우리가 추구하는 밝고 이로운 고독이 있다. 이 고독을 택한 사람은 세상에서 한 발 물러나서(나는 이를 '일상에서 벗어나서'라 쓰고 싶다) 그 상황을 즐길 수 있고, 덕분에 자신의 마음과 영혼을 돌볼 수도 있다. 작가 사라 밴 브레스낙(Sarah Ban Breathnach)은 "수면과 양식이 우리 육체의 생존에 필요하듯, 고독 또한 우리가 발전하고 정신을 꽃피우는 데 필수적이다."라고 말했다.

우리는 일상에서 벗어나 그 어떤 방해도 받지 않고 자기만의 시간을 보낼 수 있는 이 고독 안에서 감정이 충만해지는 것을 느낀다. 그 목적이 자신을 탐색하는 것이든, 어떤 결정을 내리는 것이든, 작품 구상을 위한 성찰이든, 이런 고독은 성과를 내야 하는 인생에서

쉼표를 제공한다. 우리는 바로 이 고독 안에서 인생의 안개가 걷히는 경험을 하고, 더는 타인의 개입이나 영향으로 판단력이 흔들리는 일 없이, 자기 자신에게 중요한 것이 무엇인지 알아볼 수 있게 된다. 또한 자아를 실현할 수 있게 돕는 존재들은 누구이며, 자아실현을 불안정하게 하거나 막는 존재들은 과연 누구인지 발견할 수 있게 된다.

우리는 고독 안에서 실수를 저질렀던 순간, 그릇된 선택을 했던 순간들에 대해 성찰할 수 있다. 이러한 고독은 수도사나, 고행자, 은둔자의 경우처럼 평생 지속되는 것이든, 일시적인 것이든, 자신의 삶에서 중요한 한 걸음을 내디딜 수 있게 해준다는 장점이 있다. 우리가 그 고독에서 벗어나 일상의 삶으로, 삶이 부과한 여러 관계들— 가족, 여행이나 일에서 맺은 관계— 로 돌아갈 때, 우리는 자신의 선택에 대해 보다 명확한 관점을 가지게 될 것이다. 스스로에게 그리고 타인에게 더 이상은 혼란을 주지 않는 단호함을 지니게 될 것이다.

우리는 이러한 자발적 고독 안에서 자기 자신이 된다. 또한 마음을 다잡고 더욱 높은 분별력으로 자신의 목소리를 들을 수도 있다. 그리고 나면 그 고독 안에서 내면의 진정한 욕망들을 마주할 수 있고, 그 욕망들을 어떻게 표출할 수 있는지 알게 되어 이를 원대한 꿈이자 행동방침으로 삼을 수 있게 된다. 그러므로 이 고독은 진정 자신이 되고 싶은 존재, 갖은 노력을 기울여서라도 되고자 하는 사람으로 거듭나는 길을 열어주는 것이다.

그 길을 밝게 비추는 것이 바로 밝은 고독이다. 밝은 고독은 말 그대로 빛과 같은 장점이 있다. 이 고독은 그 길을 벗어나게 만드는 모든 것에 어떻게 맞설 수 있는지 알려주기까지 한다. 그러므로 이러한 밝은 고독은 과감한 선택의 결과이다. 그 선택으로 자신이 원하는 사람이 되는 길로 한 발짝 내딛는다.

자발적으로 고독을 경험했던 소설가 마르그리트 뒤라스(Marguerite Duras)는 이 문제를 다음과 같이 요약했다. "고독은 찾는 것이 아니다. 고독은 만들어지는 것이다. 고독은 혼자 있을 때 만들어진다. 나는 고독을 만들었다. 왜냐하면 책을 쓰려면 이곳에서 혼자 있어야 한다고 결심했기 때문이다. 그리 된 일이었다. 나는 이 집에서 혼자였다. 나는 스스로를 가두었다. 물론 두렵기도 했다. 그러다가 이 집을 사랑하게 되었다." 시인 라이너 마리아 릴케 역시 같은 생각이었다. 그는 1907년 8월 3일 자신의 친구 솔름즈-라우바흐(Solms-Laubach) 백작부인에게 쓴 편지에, "몇 주 전부터 나는 두 번의 짧은 순간을 제외하고는 단 한마디도 하지 않았다. 나의 고독은 마침내 완전히 닫히고, 나는 그 고독 안에서 과일에 박힌 씨앗처럼 작업하고 있다."라고 적었다.

반면 고독에는 또 다른 얼굴이 있다. 바로 어둠과 의심, 절망의 얼굴이다. 이 고독 안에서 우리는 행복과 기쁨을 잊고 파멸의 길로 빠진다. 소외되고 적막한 현실에 갇힌 느낌과 사막에서 소리치는 느낌, 주변 사람들과 영원히 단절된 느낌을 받게 된다. 우리는 주변의 사람들이 살아가고, 웃고, 사랑하는 것을 본다. 그리고 그들이 성공이라는 연회의 영원한 초대 손님이 되어 함께 둘러앉은 것을 본다. 그러나 그곳에 우리의 자리는 없다. 이러한 고독은 해롭다. 이 고독에는 침울한 화음들, 가령 죄의식(그것이 나의 잘못일까? 무슨 일을 했기에 이런 꼴을 당한 걸까? 아니면 무엇을 안 한 걸까? 어느 순간 잘못을 저지른 걸까?)이나 질투(무엇 때문에 아무개는 저렇게 성공한 것일까? 무엇을 했기에 어디를 가나 환영과 박수를 받고 기다려지는 사람이 된 걸까? 어떻게 그 많은 사람들과 친구가 된 걸까?) 등이 깔려 있다. 또한 항상 타인의 사랑과 애정, 인정을 받지 못하면 존재할 이유가 없다는 불안, 그리고 그 불안과 쌍을 이루는 파괴적인 것, 즉 혼란이 있다. 결국 고문받고 자기 안에 감금된 것 같은 기분이 들게 하는 고독 안에서 끊임없이 고통받는다. 그 고독은 사람들과의 작은 불화에도 항상 다시 벌어져 피가 흐르는 쓰라린 상처인 셈이다.

마음속 깊이 숨이 막히는 듯한 감정을 느낀 아가트는 "나의 스물아홉은 점점 고독으로 번진다. 나는 어디에도 없다. 나는 남들과 다른 눈으로 세상을 본다는 이유로, 점점 내가 외계인이 된 기분, 어디에도 내 자리가 없다는 기분에 사로잡힌다."라고 말했다.

또 다른 고백도 있다. 몇 차례의 상담 후 장은 "다른 사람들은 즐기는 법을 아는 것 같다. 그런데 어째서 나는 그러지 못하는가? 내 문제는 무엇인가? 내가 너무 예민한 것일까? 사람들에게 너무 금방 질리는 것일까? 너무 비판적인가? 그도 아니면, 내가 필사적으로 노력하지 않아서일까?"라며, 고통을 말하기보다는 잘못을 털어놓듯

후회 가득한 고백을 했다.

또한 크리스티앙은 "관계 속에서 우리는 소통을 잘해야 한다. 그렇지 않은가? 그런데 소통을 잘하려면 무엇을 해야 하는가? 서로를 신뢰해야 하는가? 그렇다면 상호 신뢰를 위해서는 무엇을 해야 하는가?"라는 문제로 불안해했다.

고독의 형태는 사람마다 다르다. 그래서 질병을 다루듯 드러난 것만 보고 고독에 접근하는 것은 매우 어려운 일이다. 질병에는 전조증상과 발현 증세, 징후의 진단을 통해 빠른 회복을 위한 약과 처방이 존재한다. 그러나 고독의 원천들을 분석하는 데에는 한없이 많은 변수들이 존재한다. 결핍에 대해 대단히 민감한 사람이 있는가 하면 대인관계에 완전히 둔한 사람도 있는 것처럼, 고독에는 주관적인 영역이 존재하는 것이다.

그리고 아가타의 경우처럼, 타인과의 관계의 질에 대한 자신만의 평가가 있다. 매우 광범위한 지표에 따른, 예를 들면 지적, 정신적, 예술적, 정치적, 친숙한 감정적인 관계인가, 또는 관계의 형태가 둘인가 그룹인가 하는 것들이 존재한다. 이러한 다양한 주관적 요소는 그가 받은 교육, 자라온 사회, 소통과 생활방식의 변화에 따라 살펴보아야 한다. 그것들은 살아가면서 겪는 객관적인 충격들, 예컨대 유년 시절 부모 중 한 명을 잃은 경험, 부모의 이혼 또는 질병 등과 같은 충격들의 지배를 받는다. 그리고 나이와도 무관하지 않다. 고독이라는 감정은 청소년과 노인에게서 다르게 나타나며, 아동과 성인, 영재들에게만 특징적으로 나타나는 고독도 있다.

하지만 이렇게 다양한 고독들 사이에도 한 가지 공통점이 있다. 바로 고독의 주체가 고통을 느낀다는 사실이다. 그 고통은 실존적이고 한없이 깊으며, 대개 정신건강에 심각한 결과를 초래한다. 하지만 거듭 말하건대 그 고통은 모두 같은 방식으로 표현되지 않는다.

나를 찾은 내담자들 중에는 자신의 고통과 실패의 원인으로 즉각 고독을 찾아내는 경우도 있지만, 꽤 많은 내담자들이 스스로가 '우울한 상태'임을 느끼거나 자신이 겪는 고통에 '고독'이라는 이름을 붙이는 것을 매우 힘들어한다.

물론 어떤 내담자들에겐 고독이 장점이 되기도 한다. 그러기 위해서는 고독을 최악의 적으로 만들지 않고 자기편으로 만들 수 있는 힘이 있어야 한다. 즉 내담자들은 고독을 자기 고통들의 원천이라 지목할 수 있어야 하며, 이를 통해 가장 극심하게 발현되는 고독의 양상들을 파악할 수 있어야 한다. 자신이 고독한 이유가 무엇인지 찾아내고, 그에 맞설 해결책을 생각하는 것, 그것이 분석치료를 하는 일차 목적이다. 병원을 찾아온 내담자가 자신의 고독을 직시하고 길들이고 그리고 마침내 원한다면 고독을 아군으로 만들거나, 아니면 최소한 그에게 더 이상 고통을 주지 못하도록 돕는 것이다.

고통의 근원을 탐색해보면 얼마나 많은 고통이 우리가 타인과 맺고 있는 관계와 연관이 있는지 알게 될 것이다. 실제로 개인의 잘못으로 생긴 고독이 있고 사회적 폭력이 유발하는 고독, 정신의학 용어로 '가장 중요한 타인'이라고 명명한 사람, 아버지나 어머니, 혹은 사랑하는 연인의 태도와 행동이 유발하는 고독도 존재한다. 물론 성적 취향, 명백한 신체적·지적 차이 등 각 개인의 고유한 특성들뿐만 아니라 조화로운 사회생활에 필요한 요소가 심각하게 부족한 경우도 있다. 누구에게도 너그럽지 않은 고독, 질병이나 타인의 죽음 등 인생에서 위기의 순간들에 반드시 한 번은 겪게 되는 고독을 분석하기란 매우 까다롭다는 점을 알고 있다. 하지만 분석치료를 거치지 않고 만성적 고독에서 저절로 벗어나기란 매우 힘들다.

나는 이 책에서 여러 학문을 바탕으로 연구한 고독을 소개할 것이다. 그리고 심리학자를 찾아온 내담자들에게 고독이 어떤 의미인지 분석할 것이다. 왜냐하면 나의 독자들이 스스로 작아지게 하고 두렵게 만들며, 끝나지 않는 고통에 묶어두는 고독에서 벗어날 수 있게 돕는 것이 곧 이 책의 목표이기 때문이다.

고독은 숙명이 아니다. 알베르 카뮈는 "모든 사람의 마음 한편에는 누구도 닿을 수 없는 고독이 존재한다."라고 말했다. 하지만 고독을 변화시키고 길들이며, 긍정적인 방법으로 겪어내면 아름답고 만족스러운 감정으로 진정한 만남을 준비하게 하는 것이 충분히 가능한 일이다.

그 방법을 함께 찾아가는 것이 이 책의 목표이며, 또한 소망이다.

1

마음을 나눌 사람 하나
없다는 것의 위태로움

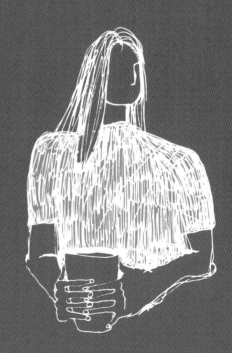

내담자 중에는 특히 영재들이 많았는데, 그들은 딱히 대단한 고독가처럼 살지 않았다. 영재들 중에는 가족과 함께 살고 직장도 있으며 동료들이 많고, 친밀한 관계나 직업상 잦은 교류를 하고 있으면서도 고독 속에 살고 있는 사람들이 있었다. 그들은 자신의 혼란과 고통을 숨기고 괴로움을 전혀 드러내지 않는 법을 알고 있었지만, 자신의 인간관계와 감정이 텅 비었다는 느낌에 사로잡혀 있었다. 날이 갈수록 자신을 파괴하는 그 감정은 타인에게 이해받지 못하고 말조차 할 수 없다는 사실, 그래서 그들의 진짜 모습이 사랑받지 못하는 데서 기인하는 것이었다.

케르마덱 박사님께,

저는 호주에서 모든 것을 다 이루었어요. 졸업 후 문제없이 정착했고요. 친구들도 있었어요. 사랑하는 사람과 함께 살기도 했죠. 그러다 10년이 되는 해에 헤어졌어요. 서로 마음이 멀어진 거죠. 우리는 각자 다른 사람을 만났어요. 그리고 저는 또 헤어졌어요. 이후 저는 행정상의 문제로 프랑스에 돌아와야 했어요. 그때까지만 해도 다 잘 풀릴 것이라 생각했고요. 그런데 지금 모든 것이 엉망진창이에요. 제 인생은 1년 전부터 완전한 실패의 연속이네요. 직장도 없고, 그리고 무엇보다 친구도 없어요. 열정을 가질 만한 만남도 전혀 없었고요. 세상이 저와는 아무 상관없이 굴러가는 것 같아요. 이렇게 공허해지니 제 인생에도 누군가 반드시 필요하다고 절감했어요. 박사님, 저는 긍정적인 존재를 원해요. 저의 막막함을 함께 이겨내고 제가 기댈 수 있는 사람이요. 아침에 일어날 때면 몸이 굼뜨고 조금도 가뿐하지 않아요. 대체 제 문제가 뭘까요? 시드니에서는 뭐든 다 잘 풀렸는데 지금은 왜 이 모양일까요? 이제 돌아갈 수도 없는데 말이에요.

_아델린

이제 젊은 날은 다 지나가 버린 것 같아요. 서른일곱 살의 저는 늙고 의욕도 없네요. 누군가 부드럽고 다정하게 저를 안아주면 좋겠어요. 오늘은 도시를 세 번 횡단했는데 참, 이런 생각을 했다는 게 놀랍네요. 어느 날은 술집에 혼자 앉아 있었는데 아무도 말을 걸지 않았어요. 아무도요. 대화는커녕 눈길조차 없었어요. 이 상황을 이해하고 싶어서 오늘 아침에는 10분이 넘도록 거울을 보았어요. 끝내주는 몸매는 아니어도, 그렇다고 딱히 못 생겼다거나 비호감은 아니거든요. 고용청에서도 저는 찬밥이에요. 일거리가 없어요. 이렇다보니 이제 클럽에 갈 돈도 충분하지 않네요. 헬스장이나 다른 데는 말할 것도 없고요. 그러니 오늘 밤도 혼자 TV나 보고 있겠죠. 박사님, 저 좀 도와주세요. 이렇게 가다가는 얼마 못 버틸 것 같아요.

_아델린

사실대로 말씀드리자면, 지금 제 인생은 너무 불행해요. 어서 기력을 되찾아야겠죠. 저, 무너져 내리고 있는 것 같아요. 제가 사라지는 느낌이에요. 길을 걸을 때면 제가 투명인간은 아닌가 싶을 때도 있어요. 오늘은 종일 백화점을 돌아다녔어요. 사람들에 취해 있었죠. 주정뱅이처럼요. 몽루즈에 있는 제 단칸방에서는 더 이상 이 고독을 견딜 수가 없거든요. 일거리라도 있다면 또 모르겠네요.

_아델린

낙오자. 다른 사람들 눈에 저는 낙오자예요. 살면서 아무것도 하고 싶지 않고 무엇을 원하는지도 모를 때가 낙오되는 건 줄 알았는데 말이에요. 그런데 저는 제가 원하는 것을 잘 알거든요. 저는 가족, 그리고 사랑하는 사람을 원해요. 제 침대를 나서자마자 사라져서는 영영 돌아오지 않는 사람 말고 진짜 애인이요. 저금해둔 돈도 눈 녹듯 사라지고 있어요. 그런데 무엇보다 가장 힘든 것은 바로 친구가 없다는 사실이에요. 실업도 실연도 아니고요. 운명이 제게 왜 이렇게 가혹한지 모르겠어요. 새로운 만남들이 정말 간절해요. 그게 지금 제게 가장 필요한 거예요. 고백컨대 저는 정말로 나아지고 싶어요. 그 만남들이 없다면 저는 계속 위축될 거예요.

_아델린

시간은 가는데 아무 일도 일어나지 않는다는 사실에 불안해요. 저는 진솔한 관계를 맺고 싶어요. 너그럽고 융통성 있는 사람이 되고 싶어요. 저는 이미 너무 많은 것을 잃었어요. 하늘도 참 무심하시죠. 아무리 원하고 바라며 꿈꾸고 상상해도 아무것도 이루어지지 않아요. 이건 저에게는 정말 심각한 문제예요. 관계는 제 삶의 원동력이거든요. 첫눈에 반하고 사랑에 빠지는, 그런 것이 필요해요. 저는 원래 열정적인 사람이에요. 다시 살아가고 싶어요, 박사님.

_아델린

4개월 만에 편지를 쓰네요. 박사님, 저는 지금 몹시 지쳐 있어요. 살던 집에서 나와야 해서 몽루즈를 떠났어요. 빈털터리라서 지금은 디종에 있는 엄마 집에 들어와 있고요. 한 2주는 잘 지냈던 것 같아요. 엄마는 재혼했고 새아버지와는 아이가 없어요. 그런데도 새아버지는 저를 못 받아들여요. 저도 마찬가지고요. 엄마랑 새아버지는 제가 이달 말까지는 새집을 구해야 한다고 했어요. 저를 더 데리고 있을 수 없다나요. 저는 여기 디종에서 누구도 만난 적이 없어요. 이 도시를 잘 모르기도 하고요. 엄마 말씀대로 고등학교 친구들이 있을 수는 있어요. 하지만 그렇다고 여기에서 썩고 싶지는 않아요. 어찌 되었든 저는 항상 엄마를 귀찮게 하는 꼴이었어요. 기억을 되새겨보면, 엄마는 제가 엄마의 결혼생활을 망가뜨렸다고 했어요. 아빠는 아이를 원하지 않았다고 하거든요. 그런 아빠가 지금은 마르티니크[1]에서 공무원으로 엄청 편하게 일하며 살고 있어요. 끝내주는 현지 여자랑 자식을 넷씩이나 낳고요. 농담이 아니에요. 정말 어처구니없지 않나요? 얼마나 행복했으면 단 한 번도 제게 그 행복을 나누어준 적이 없네요. 어쩌면 엄마와는 아이를 갖고 싶지 않았던 게 아닐까요? 한편으로는 아빠를 이해해요. 진심으로요. 엄마는 오래된 무처럼 바싹 메마른 사람이거든요. 엄마는 저를

---

1 카리브해에 위치한 프랑스령 섬–역주

가졌을 때 오로지 저를 없애고 싶어 안달이었대요. 외할머니께 저를 맡길 궁리만 했다네요. 아아, 그런데 슬프게도 외할머니는 더 이상 이 세상에 안 계세요. 이제 제 인생이 어떻게 될지 저도 모르겠어요. 박사님을 뵈러 갈 돈도, 파리행 기차표를 살 돈도 없어요.

_아델린

더는 고독을 견디지 못하겠어요. 그래서 링크드인[2]에 가입했죠. 사람들을 충분히 사귀게 되면 파리로 갈 생각이에요. 그리고 일자리를 찾아다닐 거예요. 저는 아직도 엄마 집에 있어요. 집주인들이 적극적 연대소득[3]을 받는 세입자를 꺼리거든요. 결국 이 지경이 되었네요. 엄마는 제 보증인이 되어주지도 않았어요. 마음대로 하라지요. 엄마는 아침저녁으로 저를 혼내요. 저는 한 번도, 맹세컨대 정말 단 한 번도 그들과 함께 있을 때보다 더 외로운 적이 없었어요. 새아버지는 차라리 단순하기라도 해요. 저한테 말도 걸지 않거든요. 어쨌거나 박사님께서 말씀하신대로 하려고 노력은 했어요. 그 사람들이 하는 것에 관심을 가지려고 해보았죠. 두 사람의 일이나 친구들에게 말이에요. 그런데요, 박사님. 아무리

2　LinkedIn; 구인구직 서비스와 SNS 기능을 합친 세계 최대 비즈니스 전문 소셜네트워크-역주
3　RSA; 미취업자, 월 최저소득에 의존하는 25세 이상의 프랑스 국민 또는 18세 이상의 편부모 가정 청년들의 한계치 상황을 없애기 위해 배당되는 수당-역주

좋은 의도라 해도 그런 제 의도에 관심 없는 사람들에게는 의미가 없어요. 박사님, 다음 달에 찾아뵐게요. 저를 이 지옥에서 꺼내줄 사람은 박사님뿐이에요. 저는 자신감과 사랑이 필요해요. 그러니까, 누군가 저를 믿어주기를 바래요. 저를 신뢰하고, 제가 필요로 하는 만큼 저를 필요로 하면 좋겠어요. 저는 이제 한계예요.

_아델린

나에게 기대감을 표현한 편지는 모두 감동적이다. 그리고 자신의 고통을 고백하는 편지는 더욱 감동적이다. 하지만 그중에서도 유독 나의 마음을 흔들었던 편지가 하나 있다. 아델린의 편지이다. 그 편지에는 쓴 사람의 성격뿐만 아니라 고통이 전반적으로 스며있었다. 그리고 그 고통은 대개 나의 내담자들이 호소하는 고통에 숱한 공명을 일으켰다. 아델린은 서른다섯 살이 되던 해 호주에서 돌아왔다. 그곳에서 남부러울 것 없이 성공했으나 사정상 결국 프랑스로 돌아올 수밖에 없었고, 이후 모든 것을 잃었다. 그래서 재혼한 부모님 집에 머무를 수밖에 없었는데, 그때 그녀의 나이가 서른일곱 살이었다. 결국 3년 동안 노력했지만 호주에서 이루었던 삶을 되찾을 수 없었던 것이다. 그렇게 그녀는 실패의 악순환에 빠져들었다.

악순환에서 벗어나고 싶었던 아델린은 나에게 찾아와 도움을 청했다. 그녀는 '성공한' 인생을 원했고 새로운 만남들을 기대했으며 어머니, 새아버지와의 긴장 관계를 더 이상 견딜 수 없는 상태였다. 돈도 없는데 직장을 구할 수도 없어서 전전긍긍했고 어딘가에 소속되지 못하는 것에 불안해했다. 무엇보다도, 그녀의 깊은 내면은 고독에 병들어 있었다. 하지만 이후 나는 그녀를 자주 보지 못했다. 그녀는 파리에 살지 않았고 아주 가끔씩만 파리에 들렀다. 게다가 불안정한 사회적 신분 때문에 잔고가 점점 줄어 더는 정기적으로 상담을 받으러 올 수 없었던 것이다. 그래서 그녀는 편지를 보내기 시작했다. 그녀는 절망이나 흥분의 감정이 극에 달할 때처럼 극도의 심리적 동요를 겪는 순간이면 항상 편지를 썼다.

예시로서 몇몇 부분만 발췌했지만 그녀가 쓴 편지 내용들은 심히 걱정스러웠다. 하지만 한편으로는 일종의 계시처럼 느껴지기도 했다. 왜냐하면 갈수록 많은 내담자들이 영재이든 아니든 상담에서 표현하는 것을 아델린은 항상 적확한 단어로 명백한 예를 들며 말했기 때문이다. 내담자들이 느끼는 극심한 고통은 사실 출구가 없어 보이는 고독에서 기인한다. 실제로 모든 사람들은 인간본성에 내재된 이 고독이라는 불행을 살아가면서 한번쯤은 겪게 되는데, 감내하기에는 분명 가장 까다롭고 힘든 것이다. 또한 파악하기도 매우 어려우며, 임상의들이 해결하는 데 가장 애를 먹는 난제이기도 하다. 이는 내담자와 임상의 모두가 고독을 이해하기 위해서는 다양한 분야를 염두에 두고 고독에 접근해야 하는 것은 물론, 고독이라는 감정과 고독의 객관성[4]을 선별하는 방대한 작업을 해야 하기 때문이다.

나는 관계의 빈도나 수를 고려할 때 사실상 극심한 고독 상태에 빠진 사람들을 종종 만났다. 내담자 중에는 특히 영재들이 많았는데, 그들은 딱히 대단한 고독가처럼 살지 않았다. 영재들 중에는 가족과 함께 살고 직장도 있으며 동료들이 많고, 친밀한 관계나 직업상 잦은 교류를 하고 있으면서도 고독 속에 살고 있는 사람들이 있었다. 그들은 자신의 혼란과 고통을 숨기고 괴로움을 전혀 드러내지 않는 법을 알고 있었지만, 자신의 인간관계와 감정이 텅 비었다는 느낌에 사로잡혀 있었다. 날이 갈수록 자신을 파괴하는 그 감정은 타인에게 이해받지 못하고 말조차 할 수 없다는 사실, 그래서 그들의 진짜 모습이 사랑받지 못하는 데서 기인하는 것이었다.

아르노는 "기억하건대 나는 무리 속에서 항상 외로웠다. 우리 가족은 정이 넘쳤는데도 말이다. 내 기억 속 이웃들은 친절하고 상냥했다. 좋은 사람들이었고 나도 내가 그런 사람인 줄 알았다. 하지만 결국 우리는 서로에게 이방인일 뿐이었다."라고 말하기도 했다.

나는 상담 중 대부분의 사람들에게서 같은 종류의 혼란을 발견했다. 그들 중에는 자신이 '성공할' 수 있도록, 그리고 성공에 도움이 될 자기계발의 열쇠를 찾을 수 있도록 나에게 도움을 요청하는 경우가 많았다. 사실 그들이 목표로 하는 성공은 단지 커플이나 친구, 직장 내 관계 등 어떠한 형태의 무리에든 만족스럽게 동화되는 것이었다. 미디어와 광고에 나오는 젊고 상냥한 이미지의 사람들처럼

---

4 누가 의식하더라도 변하지 않는 성질, 즉 모든 사람들이 공동으로 확인할 수 있고 공통적 주관적으로 인식된 성질-역주

서로를 반기고 공감하며, 주위의 모두가 열망하는 안락하고 따뜻한 행복을 함께 나누는 또래 무리에 스며들어 광고 속에서처럼 성공한 삶을 살기를 바란다. 광고 속 모델들은 가령 방학이면 함께 모여 식사를 하거나 커피를 마시는 친구들, 사랑하는 사람 품에 안기는 애인, 삼삼오오 여행을 떠나는 건강하고 생기 있는 노인들처럼, 나이와 상관없이 항상 커플이거나 무리 속에 있다.

하지만 정작 현실에서 그 작은 천국을 십 분도 누리지 못한다면 너무 가혹하지 않은가? 결국 이 이상적 모델들처럼 살지 못한다는 명백한 실패는, 세상에게 거부당하고 배척됐다는 기분으로 이어져 선명한 상처를 남긴다. 그리고 고독의 감정과 그로 인한 모든 괴로움이 조금씩 싹트기 시작한다.

이렇게 사회나 미디어가 보여주는 이상적인 삶의 모델을 따라 사는 것이 확실한 만병통치약이라 여기는 내담자들도 있다. 특히 성인 영재들이 그렇다. 그들에게 고독은 너무도 거대해서 자기 스스로 그 미디어가 보여주는 모델들에 동화되고자 노력하지 않고서는 해결할 수 없다고 생각한다. 그러면서 다른 사람들과 '비슷해지고' 무리의 삶의 방식에 자신을 맞추기 위해서 부단한 노력을 기울인다. 전형적인 영재였던 철학자 시몬 베유(Simone Weil)도 마찬가지였다. 그는 일생동안 배척되는 데 고통받았고 무리에 받아들여지기를 간절히 바랐다. 그의 친구였던 생디칼리스트[5] 알베르틴 테브농(Albertine

---

5 syndicaliste: 무정부주의적인 노동조합 지상주의를 신봉하는 사람-역주

Thévenon)은 그가 무리에 속하기 위해서 블롯[6]을 배우고 생디칼리스트들이 모이는 카페에서 와인을 마시는 등 다양한 시도를 했다고 회상하며 다소 불편한 기색을 보이기도 했다. 사람들이 시몬 베유의 노력에 빈정거리며 조롱하는 태도를 취했던 것이다.

오드라는 내담자는 "점심이나 술 한 잔을 할 때면 항상 친구들과 함께였다. 하지만 내심 그들이 어렵게 느껴졌다. 그 친구들과 친해지려고 할 수 있는 일은 다 했던 것 같은데, 헤어질 때면 사실 완전히 지쳐있었다."라고 말했다. 하지만 보편적인 성공 모델을 따르는 것이 고독을 피하는 해결책은 아니다. 더욱이 이는 개인의 지능과도 무관하다. 안느의 경우, 다른 사람들과의 관계에 대한 자신의 확고한 기준이 고독의 주범이었다는 것을 깨달았다고 고백했다. 그리고 에릭은 "좋은 의도만으로는 충분하지 않다. 신뢰관계를 키우기 위해서 무엇을 해야 하는지 알아야 한다."라고 말하기도 했다.

내담자들과 고독의 불행을 주제로 상담하다 보면, 그들이 주변인들과 대화가 부족하다는 사실이 드러나는 경우가 많았다. 고독의 치유는 자신을 세상에서 고립시킨 것이나 자신에게 외로움과 고립감, 소외감을 불러일으킨 원인이 무엇인지 정확히 아는 것에서 시작한다. 실제로 내담자들은 상담을 통해 고통스런 고독의 원인을 알게 된 후 위로를 받고 스스로 치유할 수 있는 힘을 얻곤 했다. 그러고 나면 상담 내내 자유롭게 말했다. 그리고 대부분의 경우 더 이상 나

---

6 카드놀이의 일종-역주

에게만 말하는 것이 아니라 대화 상대를 확장시켰다. 다시 말해 그들은 나와의 상담에 힘입어, 자신의 정신적 안정과 자아존중감 형성을 위해 꼭 필요한 대화, 예컨대 유년기나 학교생활 중 나누던 대화나 연인과 갈등을 겪을 때의 대화 같은 것을 함께 나누지 않거나 더는 나누지 못했던 사람들에게 말하고 있었다. 이렇게 타인에게 닿는 힘이자 질문이고 답이기도 한 '말'은 매우 본질적인 것이다. 왜냐하면 말이 생겨나는 순간 대화가 시작되고, 그로 인해 우리는 정서적 안정감을 가질 수 있기 때문이다.

우리는 말을 통해 상대방의 시선을 사로잡고 청자는 화자에 대해 흥미를 가지게 된다. 말을 통해 감정 상태를 드러내고 무한히 많은 감정을 말에 실을 수도 있다. 그러므로 말하는 순간은 굉장히 실존적인 순간인 셈이다. 한편 완전히 정보전달 차원에서 말을 주고받는 때에도("날씨는 어때?", "소금 좀 줄래?", "문 닫는 거 잊지 마!") 두 사람은 말투나 어조로 서로 동조하거나 대립할 수 있다. 이를테면 TV에서 눈을 떼지 않은 채 아내에게 소금을 달라고 할 수도 있고, 상냥하게 부탁하며 다정하게 감사의 표현을 할 수도 있는 것이다. 더욱이 말은 애정표현이나 분노, 무관심, 분개심 등의 감정을 종종 무의식적으로라도 드러낼 수 있다는 실용적인 측면도 있다.

흔히 고독이라는 감정은 상대방이 자신의 말을 듣지도 이해하려 하지도 않는다고 느끼는 순간, 그래서 두 사람 사이에 깊은 침묵이 시작되는 순간에 생겨난다. 루이스는 "어머니는 오로지 말할 줄만 아는 분이었다. 그렇게 그녀의 단어들로 나와의 벽을 쌓아갔다.

어머니는 나에게 말했지만 내 말을 듣지는 않았다. 나는 조금씩 침묵이라는 벽에 갇혔다. 말해 봐야 소용없다는 것을 아는데 노력한들 무슨 소용인가."라고 말했다.

이러한 사례는 드물지 않다. 유아기 때 자신의 말을 경청하고 공감해주는 사람의 부재는 종종 인격 형성에 비극적인 결과를 초래한다. 이 부재를 경험한 사람들은 루이스처럼 내성적인 성향을 띠거나 침묵하게 될 뿐만 아니라, 자아존중감을 상실하고 타인에 대한 주의력을 잃거나 다른 사람들에게 다가가는 노력을 하지 않게 된다. 상담을 찾는 사람들 중에도 부모나 배우자가 귀를 막고 있다며 불평하는 경우가 종종 있다. 고독의 감정이 역설적이라고 불평한 이자벨이 그 예다. 그녀는 결혼 후 여느 부부와 다름없이 살아가고 있었다. 그녀의 남편은 직장생활에 몰두해 더는 아내를 위해 시간을 내지 않았다. 당연히 오늘 아내에게 무슨 일이 있었는지, 아내가 부족하다고 생각하는 것은 무엇이며, 무엇을 원하는지에 대한 이야기를 들어줄 시간은 더욱이 없었다. 이에 이자벨은 "남편이 나에게 상처 주려는 게 아니라는 것은 안다. 하지만 나는 너무 외롭고 정말 이해받지 못하는 기분이다."라고 말했다.

카롤린 역시 같은 종류의 경험과 고통을 겪었다. 그녀는 "하루는 퇴근하면서, 낮에 있었던 일이 명백히 부당했다고 느끼며 생각에 잠겨 있었다. 그런데 남편이 딴에 도움을 주고 싶었는지 대번에 내가 잘못했다고 말하는 것이었다. 아직 자초지종을 말하지도 않았는데 말이다! 그 순간 나는 정말 그가 내 입을 틀어막으려 한다는 느낌을 받았다. 남편은 나를 도와주는 대신 나를 굴복시켰다. 결국 그 일로 마침내 울음을 터트렸고, 더욱 더 외로워졌다."라고 말했다.

말은 종종 타인을 공격하는 무기가 된다. 그래서 목소리가 큰 사람이 대화의 승자가 되는 경우가 많다. 서로 귀를 막고 소리만 지르며 논쟁하거나 가족 식사가 몸싸움으로 이어질 때도, 결국 목소리가 큰 사람이 이기는 법이다. 그러한 경험이 반복되면 표현조차 하지 않게 된다.

크리스텔은 자신이 왜 반사적으로 입을 닫으며 주변인들의 감정에 신경 쓰려 하지 않고, 자신의 감정 또한 표현하려 하지 않는지 깨달았다. 그는 "가족 식사는 진정한 경쟁의 장이며, 목소리가 가장 큰 사람이 왕이다. 나는 이제 내가 중요하다고 생각하는 것을 말하려고 애쓰지 않는다. 그러니 거의 아무 말도 하지 않게 된다. 슬프게도 말이다. 다른 가족들도 나와 같은 생각인지는 모르겠지만 어쨌든 우리는 모두 혼자다."라고 말했다. 결국 말은 행위인 동시에 고독이 생겨나고 느껴지는 순간인 것이다. 말의 부재나 과잉의 순간, 또는 무응답의 순간, 고독이 생겨난다.

그렇지만 중요한 사실이 하나 더 있다. 말은 타인과의 관계를 가능하게 하는 유일한 도구이며, 각각의 말은 대화에서 중요한 역할을 한다. 말은 항상 단순하게 정의할 수 없는 것들을 전달하며, 타인과 맺는 관계의 척도가 되기도 한다. 침묵도 대화의 일종이다. 알다시피 많은 경우 대화는 극심한 고독의 순간들에 얽힌 매듭들을 풀어낸다.

그러므로 말하거나 계속 말을 이어가는 행위를 통해 고통의 원인을 명명하고 대면할 수 있으며 그것에 대해 제대로 이해할 때 타인과의 소통이라는 근본적 유대감을 회복할 수 있다.

2

대부분의 혼자는
사실 괜찮지 않다

분석에 따르면, 고독한 사람 집단에서는 염증과 관련된 유전자의 활동이 증가한 데 반해 염증을 억제하는 유전자의 활동은 감소한 것으로 나타났다. 이러한 사실은 사회적으로 고립된 사람이 일반 감기부터 에이즈를 아우르는 모든 바이러스뿐만 아니라 과도한 염증에 의한 심혈관 질환에도 더 취약하다는 역학 자료에 의학적 힘을 실어주었다. 실제로 고독을 느끼는 사람들은 그렇지 않은 사람들만큼 잠을 자도 더 많은 피로감을 호소했다. 그리고 취미 활동에 대한 만족감도 떨어졌다. 또한 자신의 사회관계를 과소평가하는 경향이 있으며, 만나는 사람들의 부정적인 인상에 더 즉각적으로 반응하고 주위의 격려나 긍정적인 대답을 인지하는 능력을 잃어, 결국 점차 고립이 심화되었다.

나는 점점 더 많은 사람이 고통을 호소하고 있는 고독에 대해 연구하고 이 책을 쓰기 시작할 때 아델린을 생각했다. 하지만 이 책을 통해 오랜 습관과 분주한 일상에서 벗어나 휴식을 취하거나 자아를 되찾는 식의 고독을 이야기하지는 않을 것이다. 내가 이 책에서 다루고자 하는 고독은 누군가에게 고통을 주거나 심연의 괴로움을 야기하는 고독, 상처를 되새기게 하거나 불안을 안겨주는 고독, 수많은 나의 내담자들을 더 자주 힘겹게 하는 고독이다.

고독은 이제 현대사회에서 부정할 수 없는 현실이 되었다. 사회학자들은 고독을 '사회심리학적 위험'이라 규정하며 점점 더 심각한 현상으로 여기고 있다. 사실 십여 년 전만 해도 고독이라는 감정은 개인의 기분이나 약간은 병약한 기질, 주관적인 감정과 같은 개인의 문제로 치부되었었다. 그때까지만 해도 고독은 새로이 나타난 이 시대의 병, 더욱이 서구 현대사회의 재앙으로까지는 여기지 않았다. 하지만 고독을 개인의 문제로 간과한 결과, 2012년 〈북스(Books)〉지가 여론조사업체 오피니언웨이를 통해 시행한 설문에서는 오늘날 고독이 만연해 있다고 생각하는 프랑스인이 88%나 되었고, 그중 이러한 현상이 증가하고 있다고 답한 사람은 73%에 달했다. 더욱 주목할 만한 사실은, 고독이 점점 더 심각하게 만연하고 있다고 답한 프랑스인들 중 79%는 싱글맘이나 싱글대디이며, 35세에서 49세인 응답자가 76%에 이른다는 점이다.

나의 내담자들이 호소하는 고독 역시 누구나 살면서 한 번은 겪게 되는 존재론적 측면에서의 고독이 아니다. 존재론적 측면에서의 고독, 다시 말해 레프 톨스토이(Lev Tolstoy)의 저서 《이반 뇌제의 죽음》에서 그려진 육체적 고통이나 사랑하는 사람의 상실에서 비롯되는 고독 또는 결코 사라지지 않는 고통에서 오는 고독이 아니라는 말이다.

나는 타인에게 거부당한다는 생각으로 비탄에 잠겨 있지만 친지나 사회 집단에서 그 어떤 도움도 받지 못한 채 절망감에 휩싸인 사람들의 고독을 이야기하고자 한다. 우리는 이해와 분석을 통해 고독이 본디 우리의 속성이자 인간 본성에 내재된 감정이라는 점을 받아들여야 한다. 그것이 활기차고 유익하며 건설적인 관계를 맺는 데 실패한 원인을 찾으려 노력할 때 나의 내담자들이 느낀다는 감정이든, "나는 아무도 필요 없어."라는 말처럼 극단적으로 스스로를 고립시키는 원인이자 "나는 혼자이고 모두가 나를 싫어한다."라는 피해망상으로도 이어지게 하는 자발적 고립의 이유든 말이다. 나는 이 책에서 독자들에게 고독에 맞서는 방법과 고독을 긍정적인 힘으로 바꾸는 방법을 알려주고자 한다. 나의 또 다른 내담자 솔랑쥬가 "나는 모든 노력을 다했으나 무리에 끼지 못했다. 중·고등학교 때에도 결코 친구들 무리에 동화되지 못했다."라고 한탄했을 때처럼 말이다.

고독감, 쓸모없고 거부당하고 잊힌다는 느낌

사람들은 누구나 한 번쯤 이런 종류의 고독을 경험한다. 취업에 실패하거나 우울증을 겪을 때, 인생의 전환기, 사춘기 또는 사회생활을 시작할 때를 예로 들 수 있겠다. 자녀가 독립한 후 집안일에 빠져버린 여성들에게서도 이러한 고독의 감정을 찾아볼 수 있다. 유독 다른 사람들보다 고독에 더 취약한 이들도 있다. 그들은 고독으로 인한 극도의 불안감, 버려질까 두려운 마음, 평범하고 일시적인 상황에서도 부정적 감정의 홍수를 극복하지 못하는 상태 등 고독 이상의 감정을 느낀다.

프랑수아는 실직 후 깨달은 쓸쓸한 마음을 이야기한 적이 있다. 그는 "인간관계가 매우 좁아졌다. 이제야 내가 얼마나 외로운 사람인지 알게 되었다."라고 말했다. 또 엘리안느는 "커플들은 이혼한 여성을 초대하여 어울리는 것을 꺼린다."며 이혼 여성이라는 사실 때문에 사회적 입지가 좁아졌다고 느꼈다.

한편 상황에 따라 멀어지는 친구가 있는가 하면, 스스로 도망치는 사람도 있다. 이러한 사람은 실패의 수치심에서 영원히 벗어날 수 없다고 믿으며 더욱 깊은 고독에 빠진다. 에릭의 경우가 그랬다. 그는 "4년 동안 일자리를 얻지 못한 수치심 때문에 친구들에게서 조금씩 멀어졌다."라고 고백했다.

그렇다면 과연 고독은 운명적인 불행인가? 고독을 느껴야 하는 사람과 사회생활을 풍부히 즐길 수 있는 사람이 따로 있다는 말인가? 고독을 견디지 못하는 사람과 고독에 맞설 힘이 있는 사람은 태어날 때부터 정해져 있다는 말인가? 고독이라는 감정은 단순히 개인의 기질 문제인가? 그보다는 개인을 나약한 존재로 만드는 사회의 문제는 아닐까? 외로움은 조금도 받아들이지 못하게 하고, 내가 누구인지 알아갈 시간을 주지 않고, 그래서 자기 힘으로 일어서지 못하게, 스스로를 사랑하지 못하게 가로막는 사회적 상황에 기인하는 것은 아닐까? 고독의 뿌리는 무엇일까? 저주처럼 느껴지는 고독은 대체 어떤 형태의 두려움으로 표출되는 것일까?

프랑스 재단이 2012년 시행한 양적 및 질적 연구를 살펴보면, 고독을 호소하는 사람들이 2년 사이 현저히 증가했음을 알 수 있다. 2010년에 400만 명의 사람들이 가족이나 직장 동료, 친구, 친인척, 이웃과의 거대한 사회관계망 속에서 유대관계를 형성하는 데 실질적 어려움을 느꼈다면, 2012년에는 그 수치가 480만 명으로 늘어난 것이다.[1] 더욱이 2016년 재단 보고서에 따르면, 고독을 느끼는 사람은 무려 550만 명에 달한다. 이러한 증가의 원인을 베이비붐 세대의 노년층 진입과 그들이 노후에 대처하는 데 잠재적 어려움을 가진다는 사실에서 찾을 수 있다.

사회학자이자 인구통계학자인 장-루이 팡 케 숑(Jean Louise Pan Ké Shon)은 프랑스 통계청(INSEE)에 발표한 연구에서 젊은 세대의 고독이 갈수록 증가한다고 밝히며, "고립되는 상황이 극히 드문 젊은 층은 고독이나 권태에 평균보다 훨씬 더 취약하고, 남성보다 고립 상황에 놓이는 경우가 적은 여성들이 오히려 고독이나 권태를 더 자주 느낀다."라고 결론지었다. 사회관계 형성의 실질적인 어려움은

---

1 Insee, *Les Solitudes en France*, 2012. 06.

나의 내담자였던 아르투르가 한 말을 통해서도 잘 드러난다. 그는 "동창회 모임도 다들 일하기 시작하면 결국 흐지부지되기 마련이다. 집에 와도 직장에서 가져온 일을 하느라 밤마다 괴롭다. 이런 날이 끝없이 이어지니 서로 만날 시간은 내려야 낼 수가 없다."라며 아쉬워했다.

실로 고통스러운 이 고독의 감정은 영재 상담 이외의 문제들로 찾아오는 내담자들에게서 더 자주 나타나고 있다. 언젠가 나를 찾은 알렉상드라는 지난 몇 주간 남편과 유익하고 친밀한 대화를 단 한 번도 하지 않았다는 사실을 깨닫고 오열하기도 했다. 그녀는 "남편과 나는 아이들을 재우고 나면 각자 컴퓨터로 일을 한다. 자정까지 일하는 경우도 많다. 심지어 주말이 되어서야 서로를 찾기도 한다. 남편은 이제 나에게 말을 걸지도, 눈길을 주지도 않는다. 정말 더는 견딜 수가 없다."라며 괴로워했다.

친밀한 관계는 인간을 구성하는 조건이며, 특히 그 힘은 타인과의 양적·질적 교류를 스스로 판단하는 데서 생긴다. 그래서 나는 내담자들과 고독을 이야기할 때면 항상, 그들이 가까운 사람들과 맺는 관계의 본질을 함께 고찰한다. 내담자들 대부분의 경우에 고독은 사회적 고립보다는 대개 내재적(심리적) 고립에서 기인한다는 것을 발견했다. 물론 이 둘을 분리할 수는 없지만 말이다. 프레데릭은 "밤이 되면, 사랑하는 사람 품에 안겨 있어도 외롭다."라고 고백했으며, 브누아는 "저녁 파티는 정말 견디기 힘들다. 모두 즐거워 보이지만 나는 한 시간만 지나도 집에 가고 싶은 마음뿐이다."라고 털어놓기도 했다.

내담자들은 고독을 떠올릴 때 종종 그가 속한 그룹이나 지인들에게서 버림받는 느낌을 연상하곤 한다. 그들은 고독에서 무력감과 공허감, 깊은 권태와 막연한 불안을 느끼며, 고독이 길어지기라도 하면 자신이 쓸모없으며 인생의 방향을 상실했다고 생각한다. 그리고 정신적 고통을 호소하다가 결국 자기혐오와 자살 행위로까지 이어진다.

무인도라 생각한 섬에서 홀로 고립되었던 로빈슨 크루소의 이야기처럼, 고독은 단순 감정이 아닌 경험이기도 하다. 다시 말해 고독은 소외되고 거부당하고 잊힌다고 느끼는 상황을 경험하는 것이다. 이러한 상황이 해소되지 않으면 극단적인 경우엔 고독이 자살로 이어지기도 한다. 슬프게도, 자살하는 사람들의 대다수가 혼자라는 통계 연구가 이를 뒷받침한다. 고립이 자살의 중대한 위험 요인이라는 점은 자살예방전국연합(UNPS) 및 국립자살감시센터(ONS) 연구를 비롯해 프랑스 사회연대보건부 보고서를 통해서도 이미 밝혀진 사실이다.

사실 아델린처럼 고독이 신체적 고통의 원인이라고 단번에 자가 진단하는 내담자는 드물다. 몰라서이기도 하지만, 고독이 주는 수치심이나 죄책감에 묻혀 고독을 미처 알아차리지 못하는 경우도 많다. 그렇다면 고독을 이처럼 다른 감정으로 느끼는 이유는 무엇일까? 이에 대한 답은 '반사회적' 인간에게 책임을 묻는 경향의 사회 구조와 경제 구조에서 찾을 수 있다. 왜냐하면 여기서 고독은 사회에 동화되지 못한 실패의 증거이고, 성공과는 거리가 먼 무능한 사람들의 특징으로 여겨질 뿐이기 때문이다.

오늘날 고독은 예술가나 영성을 좇는 순례자들이 바라는 자발적 고립일 경우에만 엄격하게 용인되고 있다. 그리고 이때 고독은 명상이나 창작을 위한 휴식이지 절대 그냥 겪게 되는 상황이 아니다. 반대로 하나 또는 그 이상의 그룹에 속하는 것을 곧 성공으로 여기는 일반인들에게는 고독이 그저 공포스러운 것일 뿐이다.

나를 찾아오는 아동들 중에는 자녀를 한 시간도 혼자 두지 않으려는 부모의 극성에 학교 활동 외에도 하루 일과가 가득 차 있는 경우가 늘고 있다. 아이들은 연극에서부터 핸드볼까지 다양한 활동에 참여하는데, 대부분이 그룹 활동이다. 이 학부모들에게 자녀의 방과 후 활동으로 독서를 고려해보았는지 물어보면 적잖이 놀라는데, 이는 아이를 혼자 두면 안 된다는 통념에서 비롯된 것이다. 당연히 아이들에게도 혼자 있기를 권하지 않는 편이다.

요즘 같은 경쟁문화에서 인간관계는 어느 정도 부의 척도가 되었다. 이러한 사실은 SNS '팔로워' 현상에서 잘 나타나며, 이제 고독한 사람은 성공하고 존경받는 사람의 반례가 되었다. 나는 이러한 현상에 대해, "팔로워 현상은 광고에서 잘 드러난다. 광고 속 주인공은 친구들과 함께 물건, 식사, 취미 등을 공유하며 행복해한다. 하지만 부부나 부모-자식 등 소수로 이루어진 가족관계에서는 팔로워 현상이 나타나지 않는다."라고 말한 적이 있다.

클로드는 "아무리 노력해도 이해할 수 없다. 저녁 식사에 초대하고 약속도 주도해보지만 사람들은 기껏해야 참석해주는 정도다. 그들 중 누구도 나를 불러주지 않는다."라며 놀랍다는 반응을 보였다. 이처럼 무리에서 외떨어진 사람은 자아의 조화로운 형성과 선한 자아를 위해 필요한 자존감을 상실하게 된다. 자연히 그의 평판도 타격을 받는다. 하지만 이를 되살리는 데 도움이 되는 관계는 없다.

게다가 아델린처럼 실업, 이혼, 추방 등 상황의 급변을 겪으면 자아존중감은 그만큼 빠르게 상실되기 마련이다. 세실리아는 "SNS, 소셜데이팅, 헬스, 미술 수업 등 안 해본 게 없지만 아직도 혼자다."라며 한탄하기도 했다. 갑작스러운 고립에 속수무책으로 빠진 사람은 부당함과 분노, 저항심을 번갈아 느끼게 된다. 그리고 삶이 자신을 망가뜨렸다는 생각으로, 자기 세상에 갇혀서 비극적이게도 헛된 도움에 의지하게 된다. 잘 알려져 있다시피 술이나 신경안정제, 때로는 마약이나 TV 중독같이 전혀 도움이 되지 않는 도움말이다. 세실리아는 "집에 돌아오면 TV부터 켠다. TV 앞에서 잠드는 일도 다반사다."라고 했다.

이쯤 되면 고립의 악순환에서 벗어나려는 시도조차 불가능해진다. 그 순간이 바로 포기의 순간이고 자아와 이상을 상실하는 순간이자, 값진 인생을 살기 위해 반드시 필요한 미래 계획 수립 능력을 잃는 순간이다.

고독의 위험성

사회의학에서는 공중보건의 주요 과제로서 고독이 미치는 영향에 대한 연구가 점점 증가하고 있다. 시카고 대학교에서는 심리학자이자 사회학자인 존 카시오포(John Cacioppo) 교수의 지휘로 고독의 생물학적 효과에 대한 연구가 진행되었다.[2] 그는 여러 집단의 사람들을 대상으로 한 방대한 역학조사를 통해, 심혈관·면역·정신 질환과 해당 질환 내담자들이 느끼는 고독 사이에 명백한 연관성이 있다는 것을 밝혀냈다. 카시오포 교수 연구팀은 스캐너, 혈압계, MRI, 면역 체계 정밀 분석 등 모든 현대 의학 수단을 동원해 사회관계망과의 교류와 개인의 사회적 배경이 건강에 지대한 영향을 미친다는 사실을 증명하며, 특히 그 교류는 차질이 생길 경우 DNA 자가복제에 악영향을 줄 정도로 영향력이 어마어마한 것이라고 밝혔다.

카시오포 교수는 당시까지만 해도 알려지지 않았던 '만성 고독'이라는 증후군을 정의하며 이를 우울증과 구분했다. 그리고 이 연구를 통해 사회적 고립을 자각하는 그 자체만으로도 어떻게 개인의 지각과 행동, 생리 현상에 악영향을 주는지, 그리고 어떻게 고립을 강화하고 기대수명을 단축하는 덫이 되는지 과학적으로 증명했다. 그는 인간의 자연 상태가 '만인의 만인에 대한 투쟁'을 필연적으로

---

2 John Cacioppo, William Patrick, *Loneliness: Human Nature and the Need for Social Connection*, W.W.Norton & Company, 2008.

야기한다던 영국 철학자 토마스 홉스(Thomas Hobbes)의 주장을 재앙적 오류라고 지적하며, 개인의 사회적 교류와 상호 협력이 인간성의 본질을 그 어떤 학설보다 더 잘 규명한다고 의학적으로 증명했다.

카시오포 교수는 사회의학계에 내놓은 중대한 발견들을 바탕으로 '고독 학문'이라는 새로운 학문을 만들었다. 어쩌면 그로 인해 갈수록 많은 과학자가 세계 각지에서 자신의 전공을 바탕으로 고독을 연구하고 있으니 이제 '고독학'이라 해야 할지도 모르겠다. 네덜란드 암스테르담 자유대학교의 도렛 붐스마(Dorret Boomsma) 행동유전학 교수는 인터뷰에서 "카시오포 교수는 과학계에 고독이라는 화두를 던졌다."라고 말했다. 또 펜실베이니아 대학교 인지신경과학 연구원인 마사 패라(Martha Farah)는 "카시오포 교수가 대인관계 생물학에 대해 생각해보는 새로운 방법을 만들었다. 이는 매우 창의적인 작업이다."라고 덧붙였다.[3]

사실 카시오포 교수팀이 처음부터 고독을 연구한 것은 아니다. 감정 작용과 인지 기능의 차이를 실험한 연구로 이미 명성을 얻고 있던 카시오포 교수는 1980~90년대, 사회적 행동에서의 뇌의 역할을 이해하는 '사회신경과학'이라는 새로운 학문 분야의 기초를 세웠다. 그는 1988년, 사회적 고립이 인간의 기대수명을 단축하는 원인이라 소개한 〈사이언스(Science)〉지의 기사를 읽고 난 후, 사회적 고립을 사회신경과학의 차원에서 연구해보아야겠다는 생각을 했다고

---

3 Greg Miller, *Science*, 2014. 01.

한다.

이러한 접근은 당시만 해도 매우 독창적인 것이었다. 이후 많은 연구를 통해 고립이나 완전한 소외와 같이 지극히 개인적인 이유로도 건강이 악화될 수 있다는 사실이 밝혀지기 전까지는, 그 원인을 오직 나쁜 식습관이나 아무렇게나 사는 생활방식처럼 물리적인 외부 요인에서만 찾았었다. 이후 2010년, 수년간 발표된 148개 연구를 종합해본 결과 "고립은 사망의 위험을 증가시키며, 이는 흡연만큼 위험하고 신체적 무기력이나 비만보다 더 위험하다."로 결론이 모아졌다.

한편 카시오포 교수는 연구와 역학조사로 매우 설득력 있는 결과를 얻었지만 정작 자신이 밝히고자 했던 건강 악화 메커니즘과 사회적 고립의 본질에 대한 답은 찾을 수 없었다. 그래서 그는 연구 방법을 엄격하게 규정해 대규모 연구에 착수하기에 이른다. 그는 재직 중이던 오하이오 주립대학교에서 수천 명의 학생을 대상으로 방대한 설문 조사를 한 후 자신의 연구실에서 신체·심리 테스트를 진행했다. 그리고 이후 심리학자 루이스 호클리(Louise Hawkley)를 포함한 다른 연구원들의 도움을 받아, 시카고 주민 수백 명을 대상으로 테스트를 확장했다.

10년에 걸쳐 진행된 이 테스트에서 카시오포 교수는 사람들에게 감정의 빈도를 1(전혀 없음)에서 4(자주 있음)까지의 숫자 중 선택하게 한 후,[4] UCLA 척도[5] 기준 상위 15%와 하위 15%에 속한 응답자들을 치밀하게 선정해 그들을 대상으로 의학적 분석 연구를 시행했다.

그 결과, 두 집단 사이에는 두 가지 차이점이 발견되었다. 분석에 따르면, 고독한 사람 집단에서는 염증과 관련된 유전자의 활동이 증가한 데 반해 염증을 억제하는 유전자의 활동은 감소한 것으로 나타났다. 체내 바이러스 침투를 막는 유전자의 활동 역시 약해졌다.

이러한 사실은 사회적으로 고립된 사람이 일반 감기부터 에이즈를 아우르는 모든 바이러스뿐만 아니라 과도한 염증에 의한 심혈관 질환에도 더 취약하다는 역학 자료에 의학적 힘을 실어주었다. 한 가지 더 흥미로운 점은 고독한 사람들은 혈압도 더 높은 것으로 나타났다. 이후 연구진은 시카고 연구 중 120명이라는 가장 많은 사람을 대상으로 한 이 연구의 결과를 시카고 연구 결론으로 확정했다.

한편 로스앤젤레스 대학교 스티브 콜(Steve Cole) 교수는 면역체계 이상과 염증 질환, 유전자 발현의 변화를 겪고 있는 사람들의 경우 부정적 세계관을 심화시키고 우울증까지 야기하는 극심한 고독을 느끼기 때문에 이들을 분석 대상으로 한 이 연구의 결론에는 한계가 있다고 지적했다. 연구 결론에 나타난 의학적 결과는 조금 고독을 느낀다고 해서 나타나는 문제가 아니기 때문이다.

---

4 고독의 감정을 묻는 질문으로는 '나는 주위 사람들과 잘 통한다', '나는 친구가 없다', '나는 의지할 사람이 없다' 등이 있다. 이 척도는 세 가지 연구를 바탕으로 만들어졌다. 첫 번째 연구는 평균 연령 23세의 여자 대학생 129명과 평균 연령 22세의 남자 대학생 49명을 대상으로 했다. 두 번째 연구는 65세 여성 63명과 같은 연령의 남성 147명을 대상으로 했다. 세 번째 연구는 캐나다 라발 대학교 평생교육원 '노년층의 대담' 분과 수업에 등록한 평균 연령 63세의 여성 40명과 평균 연령 65세의 남성 24명을 대상으로 했다.

5 1980년 Russell, Peplau, Cutrona는 UCLA 고독 척도(UCLA Loneliness Scale)를 만들었다. UCLA 고독 척도는 고독과 관련한 구체적인 감정 20가지를 실은 설문을 바탕으로 한다.

첫 번째 결과를 바탕으로 카시오포 교수는 계속 연구를 진행해나 갔다. 그는 다른 여러 연구를 통해, 극심한 고독과 고립의 감정이 건강과 기대수명에 악영향을 줄 뿐만 아니라 끊임없는 경계심을 갖게해 불면증을 야기하고 뇌의 이완, 기억, 정보 저장 활동을 위한 뇌휴식을 저지한다는 사실을 알아냈다.

실제로 고독을 느끼는 사람들은 그렇지 않은 사람들만큼 잠을 자도 더 많은 피로감을 호소했다. 그리고 취미 활동에 대한 만족감도떨어졌다. 또한 자신의 사회관계를 과소평가하는 경향이 있으며, 만나는 사람들의 부정적인 인상에 더 즉각적으로 반응하고 주위의 격려나 긍정적인 대답을 인지하는 능력을 잃어, 결국 점차 고립이 심화되었다.

카시오포 교수는 2008년, 기능적 자기공명 영상(fMRI)으로 시카고 대학교 학생 23명의 뇌 신진대사 활동을 측정했다. 그 결과, UCLA 척도에 따라 가장 고독 지수가 높은 학생들의 경우 웃는 얼굴의 사진을 볼 때 뇌 보상영역의 복측선조체(Ventral Striatum)[6] 활동이 저하되었다.

또 다른 연구에서 카시오포 교수 연구팀은 고독을 느끼는 사람들과 그렇지 않은 사람들로 이루어진 두 집단을 대상으로 스트룹 테스트를 진행했다. 실험심리학에서 고전 격인 스트룹 테스트는 컴퓨터 화면 속 색을 입힌 단어들을 보고 색상을 명명하게 하는 테스트

---

6 감정, 욕구, 쾌락 등을 관장하는 뇌 부위-역주

이다. 테스트 결과, 고독을 느끼는 사람들은 '고립'이나 '거부하다'와 같이 부정적인 사회관계와 연관된 단어의 색상을 식별하는 데 걸린 시간이, '토하다' 같이 부정적이지만 사회관계와는 무관한 단어의 색상을 식별하는 데 걸린 시간보다 1초 더 길었다. 반면 고독을 느끼지 않는 사람들은 두 단어군에 반응하는 데 걸린 시간이 같았다. 그래서 카시오포 교수는 고독을 겪는 사람들이 부정적 사회 징후에 과민증을 보이는 이유가 그들의 뇌가 사회적 위협에 대해 항상 경계 태세에 있기 때문이라는 결론을 내렸다.

고독이 얼마나 심각한 이 시대의 병이 되었는지, 그리고 그 결과가 얼마나 건강에 악영향을 주는지는 이미 많은 연구를 통해 증명되었다. 그렇기 때문에 나는 이 책에서 고독에 맞설 기적의 처방들을 제시할 생각이 없다. 물론 그러한 처방들은 존재하지도 않는다. 이 책은 주되고 근본적인 실패를 겪은 사람들, 다시 말해 사람들과 조화롭고 풍요로운 관계를 만드는 데 실패하고 대개 고독을 고립으로 이어지게 하는 원인들을 고찰하는 데 실패한 사람들을 위한 도서라 할 수 있겠다.

이 책은 비록 고독의 다양한 문제에 대한 답이 되지는 않겠지만, 자아성찰을 통해 자아실현으로 나아가는 길을 제시할 수는 있을 것이다. 자아성찰을 할 때는 진부한 광고의 이미지와 경제적 이해관계를 떠나 각 개인이 맺는 관계가 자신의 개인사와 사회, 동시대, 그리고 인생에서 강렬하게 바라는 기대와 어떤 관련이 있는지 먼저 분석해야 한다. 이때 광고의 클리셰와 경제적 강권은 배제되어야 한다. 왜냐하면 그로 인해 자신에게 맞지 않는 관습을 차용하고, 그 강요들에 응할 수 있는 것처럼 보이려고 가면을 쓰게 되기 때문이다. 정신분석가들은 이를 '거짓자기(false self)'라 부른다.

'거짓자기'는 특히, 극단적인 개인주의를 권장하지만 남들과 다르면 낙인을 찍는 사회, 소위 '라이프 스타일'이라 부르지만 교묘히 소비지상주의적 삶을 부추기는 방식에 반기를 들다가 사회의 희생양이 되곤 하는 '영재들'에게서 잘 나타난다.

그러므로 고독이 어디에서 기인하고 무엇으로 구성되며, 어떤 방식으로 경험되는지 분석하고 이해한다면 비로소 고독에 맞설 수 있을 것이다. 그때가 되면 고독을 긍정적인 것이자 친구로, 평생을 함께할 소중한 조언자이자 성공적인 자기 인식을 위해 없어서는 안 될 동반자로 만들기 위해서 고독을 이해하거나 인정하게 될 것이다.

"지식인들에게 고독이란 두 가지 장점이 있는 것이다. 하나는 자기 자신과 함께하는 것이고, 하나는 다른 사람들과 함께하지 않는 것이다."라는 쇼펜하우어의 말처럼, 우리는 고독의 순간을 통해 나 자신을 알고, 나아가 타인 또는 자신의 운명과 진실하고 풍요로운 대화를 시작할 수 있을 것이다.

고독 속에서 우리 존재의 진실을 발견할 수 있다. 오직 고독 속에서 그동안 너무나 은밀히 감추어 종종 놓치곤 하는 우리 존재의 진실, 이제는 귀를 기울이고 눈을 떠야 하는 그 진실을 발견할 수 있다. 소크라테스는 이미 "너 자신을 알라."라고 했다. 우리는 앎이라는 행위를 통해, 본디 고독하고도 유리된 인간의 본성을 깨달아 훨씬 유익하고 조화로운 자아실현을 보장받을 것이다. 앎이라는 행위는 우리의 창의적인 행동과 생각을 담보로, 핀다로스가 주장하고 니체가 되풀이한 '나 자신이 되기'의 첫 걸음이다.

3
혼자를
권하는 사회

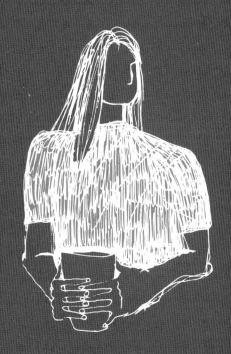

인간관계는 완전히 변했고, 사람들은 상대가 '어떤 사람인지'보다 '무엇을 가졌는지'를 훨씬 중요하게
여기게 되었다. 이제 그들은 타인의 물욕과 욕정 등의 욕망을 자극하고 싶은 욕구와, 타인이 자신에게
불러일으키는 그 욕망을 향유하는 것의 절대적 필요성을 바탕으로 관계를 맺는다.

나의 내담자들은 종종 오랜 고찰 끝에 자신의 불행의 원천이 고독이라는 사실을 알게 된다. 그리고 그 고독이라는 감정에 모든 책임을 돌린다. 나는 그들이 말하는 고독의 본질을 통해 여러 가지 사실을 확인할 수 있었다.

고독을 이해하고 말하는 데 느끼는 어려움

내담자들은 고통의 원인이 고독이라 진단하는 데 어려움을 겪을 뿐만 아니라, 그 사실을 받아들이는 데 수치심을 느낀다. 그들은 고독의 원인을 지목하길 꺼리고, 타인과 세상에 부정적으로 반응하는 이유가 고독 때문이라고 말하기를 주저한다. 그들은 왜 이러한 반응을 보이는 걸까? 이제부터 그 이유들을 살펴보겠다.

고독의 비극은 자신의 고독을 말하지 못 하는 데서 온다. 내담자는 온전히 소통하길 원하고 자신의 감정을 정의하려 해보지만, 더욱이 타인의 도움을 받고자 자신의 불행을 전달하려 하지만 적절한 말을 찾지 못한다. 언어에서 유리된 채 고독에 빠진 내담자는, 타인에게 감동을 주고 그에게서 힘이 되는 대답을 유도할 능력을 점점 잃게 된다.

앞서 말했듯이 말의 결핍은 고독의 감정과 불가분의 관계에 있다. 요컨대 우리는 말과 대화, 토론을 통해서 감정을 표현할 수 있으며 타인과의 상호 이해를 위한 토론의 기초를 세울 수 있다는 사실을 알아야 한다. 말을 하지 않는다는 것은 감정 또한 표현할 수 없다는 뜻이다. 말하기는 언제나 타인과의 관계를 배우는 일이다. 상대가 말할 때는 어린아이를 대할 때처럼 경청과 이해, 그리고 우리의 말에 반하는 말이라도 충분히 이해하려는 자세가 필요하다. 서로 말을 주고받을 때 모든 인간관계의 기초가 되는 유익한 대화를 나눌 수 있을 것이다.

한편 누군가에게 말하는 행위는 또 다른 해답을 유도하기도 한다. 누군가 나의 말을 들어주면 나는 비로소 고독에서 탈출해 나아갈 수 있는 것이다. 분석치료 과정에서 발화된 말은 고독을 어떻게 표현하는지에 따라 상징적으로 해석된다. 내담자가 선택하는 단어로 이루어진 말은 내담자 본인의 개성과 특성을 가장 잘 드러내고, 그가 타인이나 무리와 유지하는 관계의 본질을 잘 나타내준다. 그러므로 말은 내담자가 자신의 고통을 이해하기 위한 가장 적절한 도구라 할 수 있다.

하지만 내담자는 고통의 근원을 찾는 단계에서부터 이미 말하는 데 괴로움을 느끼고 말하기를 거부할 수도 있다. 그래서 고독은 정적, 심지어 침묵 속에서 표현되기도 한다. 극심한 고독의 상황을 가장 고통스러운 순간으로 꼽은 한 내담자는 그 상황을 떠올려야 했을 때 더 이상 말을 잇지 못했다. 그리고는 펑펑 울기 시작했다. 말할 수 없고 표현할 수 없는 사람은 결국 경청할 수도 없게 된다. 고통받는 내담자는 자기 안에 갇힌 채, 타인의 고통에는 귀를 막고 자신의 고통이 아닌 다른 이야기는 듣지 않는다. 역설적이게도, 고독으로 고통받는 사람이 정작 타인의 말을 경청하는 데 큰 어려움을 겪는 것이다. 나의 내담자 장은 상담이 끝날 무렵, "누군가 내 이야기를 충분히 들어주니, 도저히 풀릴 것 같지 않았던 내 문제가 해결되는 것을 보고 무척 놀랐다."라고 말했다.

대부분의 내담자는 구체적인 사랑의 대상과 이별하거나 관계를 상실한 경우가 아니면 자신의 고독을 명확하게 정의하는 데 어려움을 느낀다. 그에게 고독은 얼굴이 없는 것이다. 이름도, 추억도 없다. 이러한 형태의 고독 속에는, "나는 외롭다."라고 말할 '나'는 더 이상 없고, 그 말을 들어줄 타인도 없다. 여기서 말하는 고독은 존재의 불완전성이라는 개념에 가까운 것이지, 단절이나 죽음을 뜻하는 것이 아니다. 같은 맥락에서, 심리분석학자 멜라니 클라인(Melanie Kein)은 '고독의 감정'을 "완벽하고 도달할 수 없는 내적 상태를 향한 보편적인 열망에서 나오는 것"이라고 설명하며, 이를 '무리에서 소외된' 객관적 상황과 명백하게 구별했다.

그들이 겪는 고독의 고통은 타인과 자신의 운명에 대한 확신의 붕괴를 초래한다. 그리고 대개 이 확신의 붕괴가 극에 달할 때 상담을 찾는다. 사실 고독에 사로잡힌 사람은, 아델린의 경우처럼 고독의 감정 위에 실업이나 경제적 어려움과 같은 다른 이름을 씌운 채, 만성적 불신이라는 보호막을 치게 된다. 그리고 그 불신은 정신적으로 불안정한 사람으로 만들고 편집증으로까지 몰고 간다. 마침내 끊임없는 불안을 야기해 이를 느낀 다른 사람들이 그를 멀리하게 만든다. 결국 그 사람의 고립은 더욱 깊어진다. 실제로 극심한 고독으로 고통받는 사람은 종종 극단적으로 상반된 두 가지 태도를 보인다. 모든 존재를 침입의 위협으로 느끼거나, 모든 부재를 절망의 위험으로 느끼는 것이다.

현대사회는 개인이 고독을 자각하고 경험하는 방식을 변화시켰다. 그래서 우리는 구체적인 고독이 정말 존재하는지 의문을 품게 됐다. 실제로 갈수록 많은 내담자들이 고독을 소외감으로 정의하고 있다. 그들은 모든 것에 성공한 듯 보이는 무리에 속하지 못한다는 사실에 고통받는다. 아델린 역시 편지에서 그러한 무리에 속하기를 간절히 열망했다. 그들은 자신이 낙오되었다고 느끼며, 자신에게 진정한 삶은 존재하지 않는다고 생각한다. 이렇듯 오늘날 고독은 충분히 사랑받지 못한다는 감정에서가 아닌, 인정받고 싶은 욕구에서 비롯된다. 그래서 점점 더 많은 내담자들이 자신의 '성공'을 위해 도움을 받고자 나를 찾고 있다. 자기 자신을 더 잘 알고 이해하는 과정을 통해 고통의 매듭을 풀고자 하는 게 아니라는 말이다.

중요한 건, 내담자가 방어 자세를 풀어 고독이 그 자신을 고통스럽게 하는 원인임을 깨닫고, 고독을 있는 그대로 받아들이며 고독이 무엇에서 기인했는지 이해할 수 있게 도와야 한다. 그래야 내담자가 비로소 자신이 진정 무엇으로 고통받는지 깨닫고, 무엇 때문에 종종 자아성찰을 해야 했으며, 왜 의사를 만나면서까지 분석치료를 받아야 했는지를 알게 된다. 하지만 내담자는 무의식중에 방어 자세를 취하기 때문에 그것을 무너뜨리기란 대체로 매우 어렵다. 이는 인간이 아주 어릴 때부터 고독을 경험하고, 그 경험을 바탕으로 한 각자의 방식으로 감내하거나 추구하기 때문이다. 고독에 대한 이해는 반드시 필요하다. 정신분석가 디디에 앙지외(Didier Anzieu)가 말한 것처럼, "고독의 감정은 최악의 전략으로 자발적 고립을 부추기기"[1] 때문이다.

고독의 진단을 이토록 어렵게 만든 데에는 극심한 사회 발전도 한 몫했다. 하지만 우리는 고독이 개인에게 미치는 영향에 대해서 아직까지도 거의 파악하지 못하고 있으며, 좋게 말해 구식이지 나쁘게 말하면 이미 사라져버린 모델에 기초해 고독을 인지하고 이해하고 있다. 세상은 발전했을 뿐만 아니라 다음과 같이 극변했는데 말이다.

첫째, 전통적 사회구조는 한순간에 사라졌다. 동시에 사회학적 분석의 기준이던 자료들도 무용지물이 되었고, 그 결과 사회학자들과 정신분석가들에게 확증의 바탕이 되었던 모델들 중 일부는 시대에 뒤떨어진 구식이 되었다.

둘째, 개인·세대·남녀 간의 소통 수단과 그들 간의 교류 방식 및 본질도 바뀌었다. 그로 인해 오늘날의 소위 '새로운 고독들'이 생겨났다. 혹자들은 이를 '사회심리학적 위험'이라고도 부른다.

셋째, 사회관계와 사회의 변화는 새로운 형태의 고독들, 보다 엄밀히 말해서는 새로운 고독들을 불러왔다. 그러므로 내담자들이 자신을 불행하게 하는 고독을 지목해 고립을 거의 반사적으로 야기하

---

1 Didier Anzieu, 《Anatomie de la solitude》, *Nouvelle revue de Psychanalyse: Être dans la solitude*, n°36, Gallimard, 1987, p.124.

는 그 원인들을 피할 수 있게끔, 이 새로운 고독들에 이름을 붙이고 그 원인들을 규명해야 한다.

사회생활에서의 관계들이 50년 전만 해도 더 실질적이고 정서적인 가치를 지니며 개인에게 위로가 되었지만, 오늘날도 그때와 같을 거라 생각한다면 오산일 것이다. 고독이라는 주제는 이미 인류 역사에서 가장 오래된 고서(古書)인《길가메시의 서사시》에서도 찾아볼 수 있다. 이 책은 절망 속에서 친구를 찾아 헤매던 젊은 왕이 친구와 재회하지만 곧 그의 죽음으로 애통해하며 모든 고통을 겪어낸다는 이야기를 담고 있다.

외로워지는 사람들

2010년대에 혼자 사는 사람들의 숫자는 1950년대 대비 8배 증가했다. 결혼적령기 또한 점점 늦춰지고 있으며, 이제는 혼자 사는 사람들이 세 집 중 한 집 꼴이다.

몇십 년 전만 해도 우리는 빵집 주인과 잘 알고 지냈다. 빵집의 풍경은 주인과 손님이 공통 관심사를 나누며 대화하는 것이었지, 손님들끼리만 잡담을 나누는 모습이 아니었다. 한편 오늘날 이러한 이웃 관계가 거의 사라졌고, 대도시에서는 이미 이러한 광경을 볼 수 없다는 데에는 누구도 이의를 제기하지 않을 것이다. 시골도 상황은 마찬가지다. 지방 시내들은 점점 사막처럼 변하고 있다. 과거, 광장을 즐기는 민족 문화에 따라 자연적으로 조성된 아고라, 각종 기관 건물들과 시청, 대성당으로 둘러싸인 광장에서는 매주 시장이 열렸고, 가게들이 줄지은 큰 길에서는 가족들이 산책하며 서로 만나곤 했다. 하지만 오늘날 이웃관계의 부재와 더불어, 사회활동의 근거지이자 관계가 자연스럽게 형성되고 유지되던 공간이 주는 도시적 풍경이 이미 지워지고 없다. 예전 공간에서는 얼굴만 아는 사이어도 서로 이름을 알고 지냈고, 그래서 무엇보다도 고립과 고립으로 인한 고독에서 자유로울 수 있었다. 사람들은 그 장소들의 존재, 활기, 방문 빈도가 곧 자신과 가족의 존재를 증명하는 견고한 지표라고 여겼다.

하지만 이제 사람들은 주차장이 반 이상인 교외의 거대 상업복합지구를 선호하는 추세이다. 사람이 개미만큼 작아 보일 정도로 큰 이 자동화된 공간에서 옛 관습은 뿌리 뽑힌 지 오래고, 사람들은 서로 알아보지도 쳐다보지도 않고 지나간다. 도시와도 시골과도 분리된 이 공간에서, 지역사회에 속해 예의를 지키며 다함께 살아간다는 미덕은 사라졌을 뿐만 아니라, 사람들은 불안감을 표출하기도 한다. 혼자 사는 사람일 경우에는 더욱 그렇다. 내담자들과 상담을 해보면, 주변 환경이 자신을 '망가뜨렸다'라고 생각하며 그곳에서 자신의 자리를 찾을 수 없다고 고백하는 경우가 종종 있다.

예전에는 도심에 도시 구성 집단 간의 교류와 연대를 보장하던 직업들이 있었지만 이제는 거의 찾아보기 힘들다. 마찬가지로 피아노 노빌레[2]부터 가정부나 학생, 노인 등 경제 취약 계층이 살던 꼭

대기 다락방까지, 소사회(마이크로 소사이어티)를 대변하던 건물들도 사라졌다. 동시에 주민들 간의 소통을 조정하며 소통 통로 역할을 하던 관리인들은 해고되고, 관리소였던 공간은 매매되거나 임대되었다. 오늘날 과연, 같은 건물에 누가 사는지 아는 사람이 있을까? 같은 건물에 사는 누군가가 정신적 또는 심리적 고통을 받고 건강상의 문제로 힘겨워하고 있는지 아는 사람이 있을까?

주거의 혼합에서 출발하는 사회적 혼합은 기술의 발전과 부동산 거품으로 사라졌다. 이제 동네는 그곳의 평당 가격을 수용할 수 있는 사람들에 따라 사회계층이 획일화되는 동시에 주민들의 생활도 그에 따라 세분화되고 있다. 그들은 각자 자신을 위해 살며, 소음 문제 같은 갈등 상황이 아니고서는 주민 두 명이 마주하는 일은 거의 없다. 1999년, 파리 시민들의 고립이 갈수록 심각해지는 데 경각심을 느낀 한 시의원이 '이웃의 날'을 제정하고 17구에 시범사업을 벌인 것은 우연이 아니다.

과거 한 지역에 잘 정착해 있던 기업들은 이제 갈수록 이전하는 추세이고, 경제적 해악이자 비사회적 태도로 묘사되는 정착과는 반대로 이직은 단연 높게 평가되고 있다. 과거, 농장이나 가업에만 매달려 있기도 하던 각계각층의 동년배 청년들이 친분을 맺고 우정을 견고히 하며 개인사의 한 부분을 공유할 수 있었던 병역제도도 폐

---

2 서양 근세의 저택 궁전에 있어 주요 층. 중요한 응접실 및 거실이 있고, 통상 두 개의 층이 여기 충당되며 특히 천정이 높고 크게 자리 잡고 있다—역주

지되었다.

또한 성공의 가치, 특히 개인의 성공과 물질적 성공을 대개 최고로 여기는 우리 사회에서 가족의 연대는 2순위로 밀려났다. 여성들에게는 비록 주관적이거나 현실적인 문제일 수 있는 취직의 의무, 직장으로 인한 가족 구성원들과의 물리적 격리는 부모들이 전통적인 가정생활의 틀에서 자녀들을 키울 수 없게 만들었다. 아이들은 조부모를 만날 기회를 점점 잃어가고, 집보다는 어린이집이나 베이비시터의 집에서 보내는 시간이 더 많아졌다. 고독을 경험한 아동은 극도로 조숙해지며 더욱 고독해진다. 그리고 새로운 생활환경들은, 아동이 고독을 긍정적으로 인지하기 위한 기초들을 다지는 데 반드시 필요한 능력, 즉 혼자일 수 있는 능력을 배우는 데 불리하게 작용한다.

오늘날 자신이 나고 자란 도시, 학교 친구들을 사귀고 그들의 가족과 알고 지낼 수 있는 도시에서 평생 사는 것을 우선순위로 생각하는 젊은이들이 갈수록 적어지고 있다. 그들은 지리적 이동을 성공의 지표로까지 여긴다. 그들 중에는 부모와는 연락을 유지하지만 조부모와는 물리적으로도 전혀 왕래하지 않는 경우가 종종 있다. 다른 가족들과의 접촉은 더욱 말할 것도 없다. 특히 가족이나 친구들과의 대규모 재회의 장이었던 휴가철의 관례적 피서, 또는 점점 줄어들다가 이제는 완전히 사라져버린 종교 축제 등에서 유아기와 청소년기 때 친숙했던 인물들과 만나는 일이 없어지자 더욱 그렇게 되었다. 그 결과, 젊은이들은 항상 고향에서 이방인이 되었다는 느낌에 사로잡히고 사회지배적인 물질주의로는 결코 상쇄될 수 없는 고립을 겪게 되었다.

오늘날 사람들은 휴대폰, 이메일, SNS, 영상통화 등 새로운 소통 수단을 통해 멀리 사는 학교 친구들이나 직장 동료들과 빠르게 연락할 수 있게 되어, 그들과 가상으로만 연락을 취하려고 하지, 실제로 만나는 일은 이제 구식으로 여기고 있다. 그들은 이 초연결사회에서 부모, 친구, 애인 등과도 직접적인 접촉 없이 화면이나 마이크를 통해 대화한다. 각자의 방에서 고독하게 말이다. 집에서는 가족 구성원들이 각자의 컴퓨터나 태블릿, 휴대폰 화면 앞에서 점점 고립되며, 수많은 데이트 사이트와 가상 네트워크를 통해서만 접촉 없는 접촉을 할 뿐이다.

더욱이 도시의 확장과 이로 인한 길고 긴 출퇴근 시간으로 사람들은 에너지와 여유시간을 빼앗기고 있다. 우리는 매일 출퇴근길에서 수백 명의 사람들을 마주치지만, 친구들을 만날 틈이나 새로운 관계를 형성하기 위해 필요한 시간적 여유는 없다.

한편 사회의 도시 친화적 흐름 때문에 대부분의 아동들은 자연과 접촉할 기회를 얻지 못한다. 또한 고독을 배우고 두려움을 경험할 수 있는 자연 공간에서 홀로 고립되어보는 기회도 얻지 못한다. 이에 대해 스페인 바르셀로나 환경역학연구센터(CREAL) 과학자들은 학교 근처 녹지의 존재 유무와 녹지 출입 빈도를 아동들의 수업 주의력과 연관시켰다.[3] 이는 UN이 오늘날 도시에 사는 사람들이 전 세계 인구의 55%인 40억 명에 이른다고 한 점을 생각하면 매우 유의미한 기초 연구라 할 수 있다. 그들은 2012~13년, 1년 동안 바르셀로나 36개 초등학교에 재학 중인 7~11세 학생 약 2,500명을 대상으로 연구를 진행해, 방과 후나 주말에 자연이나 녹지를 찾는 아이들이 그렇지 않은 아이들보다 기억력이 5% 높고 수업 중 주의산만도가 1% 낮다는 사실을 알아냈다. 또한 암기에 어려움을 느끼는 아이들에게 자연에서 수업을 받게 하자, 그들 중 9%가 상당한 암기력향상을 보인 사실을 발견했다.

이 연구에 참여한 인식론자 파얌 대드밴드(Payam Dadvand) 박사는 대기오염이 아이들의 수행능력에 영향을 미친다는 사실을 배제하지 않았다. 뿐만 아니라 자연환경의 메커니즘이 아동의 심리발달에 영향을 준다고 주장하며 "자연은 아이들에게 약속이나 모험심, 발견, 창의력, 자제력, 상황통제력 등 탁월한 배움의 기회들을 제공한다. 자연은 경이감을 비롯한 다양한 감정을 불러일으키고 정신능력을 향상시킨다. 그리고 그 정신능력은 인지발달의 다양한 측면에 긍정적인 영향을 주는 것으로 보인다."라고 말했다.

교육심리학 교수이자 학자인 클레어 르콩트(Claire Leconte)는 자연이 아동에게 반드시 필요한 교육적 역할을 한다고 강조한다. 그녀는 아동이 타인과 접촉하기 위해 필요한 '사회적 기술'을 연마하는 데 자연환경이 결정적인 영향을 준다고 믿는다. 또한 사회적 기술은 아

---

3 Dr Payan Dadvand, *Impact of Urban Nature on Executive Functioning in Early and Middle Childhood*, National Academy of Sciences of the United States of America(PNAS), 2015. 03. 15.

동에게 관계에 대한 확신을 주고 아동의 인지발달에 명백한 영향을 준다고 본다. 실제로 아동은 이 사회적 기술 덕분에 타인과 교류·공유 관계를 맺는 법을 배울 수 있고 관계의 욕구를 자각하며 고립의 욕망을 표출할 수 있다.

르콩트는 자연이 아동의 발달에 가져다주는 또 다른 미덕도 강조한다. 바로 후각, 시각 등의 감각능력의 발달이다. 사계절의 장관과 변화를 접한 아동은 자신의 성장을 인식하기 위해서 반드시 필요한 시간의 개념을 이해하고, 이를 통해 자신의 세대에 대한 소속감을 느끼며 사는 동안 정교하고 깊은 수많은 관계들을 맺어간다.

새로운 가치들

종교적 관행이 사라지면서 정신적 가치들은 대거 아동 교육으로 옮겨가기 시작했다. 하지만 지독하게 물질주의적인 우리 사회에서 오늘날 교육이 강조하는 것은 학교에서의 교리·시민정신 수업과는 더 이상 아무 관련이 없으며, 명예나 헌신, 영웅심의 가치를 목표로 하지도 않는다.

오늘날의 교육은 오직 성공만을 목표로 한다. 그리고 그 성공의 개념은 전적으로 경제적 성공과 관련이 있다. 그래서 교육은 오로지 '어떻게 돈을 버는지'에만 집중한다. 지난 수십 년 동안 고등학교 문과 인원이 급격히 줄고 이과, 그중에서도 특히 경제 과목의 인기가 상승하는 것을 목도했다. 더욱이 프랑스에서는 경쟁문화를 양산하는 상업학교 수가 지난 20년 사이 폭발적으로 증가했다. 이제 사람들은 성공을 위한 경쟁 속에서 각자 자신만을 위할 뿐이며, 성공을 위한 것이라면 그게 무엇이든 용인되고 있다. 그렇게 현대인은 더이상 전체 중 한 사람이 아닌, 철학자 홉스의 말처럼 전체에 대항하는 한 사람이 되었다.

오늘날 부모들은 자녀가 보편적인 가치나 규칙에 따르도록 엄격하게 교육하지 않고 각자 구상한 새로운 '선택식'교육을 활용하고 있다. 덕분에 현대인들은 더 이상 전통사회의 도의적 요구들에 낙담하거나 전전긍긍하지 않을 수 있게 되었다.[4] 하지만 엄격한 가치들과 보편적 규칙이 사라진 지금, 현대인들은 좌표를 잃었다. 이제 그들에게 남은 건 슬프고 외로우며 우울한 감정뿐이다.

반드시 성공해야 한다는 새로운 사회목적은 아이들의 교육을 근본적으로 바꾸어놓았다. 또한 시민정신보다 개인주의를 더욱 우위에 두었을 뿐만 아니라, 국가 교육 차원에서조차 평행하면서도 모순되는 두 가지의 논리를 확립하기에 이르렀다.

사회학자 피에르 부르디외(Pierre Bourdieu)는 이러한 현상에 대한 연구를 발표하며 교육계에서는 모순된 두 가지 사항을 아이들에게 요구하고 있다고 강조했다. 그 첫 번째는 아이들이 순종해야 한다는 것이고, 두 번째는 아이들이 창의력과 용기를 끌어올려야 한다는 것

---

4 그렇다고 신경증 환자나 정신병자가 완전히 사라졌다고 일반화할 수는 없다.

이다. 두 번째 사항은 엘리트를 양산하는 방식이며, 사회문화적 수준이 높은 가정이나 몇몇 명문사학에서 권장하고 있는 방법이기도 하다. 하지만 그것 또한 아이들에게 커리큘럼에 맹목적으로 순응할 것을 요한다. 즉 아이들에게 각자의 다름을 북돋우면서도 동시에 성공을 향한 보편적 경쟁에 편입되기를 장려하는 것이다. 그렇게 아이들은 이제 형제자매나 친구들 사이에서도 최고가 되고 특출해야만 하는 상황이다.

현대사회는 다름의 문화를 만들었다. 그리고 이 개념에서 다름의 권리에 대한 개념이 생겨났다. 다름의 권리란, 개인이 더 이상 또래들 사이에서 무리를 찾는 것이 아닌, 자신의 독자성을 돋보이기 위해 자신을 그들과 구분하는 것이다. 그리고 그 독자성을 권리로서 정당화하는 것이다. 다름의 권리는 모든 제한을 피해가고 거부하며 약화시키는 것을 목표로, 개인에게 법적으로 금지되지 않는 선에서 모든 제한을 없애주었다. 서구 현대사회의 변화들을 예측했던 러시아 소설가 알렉산드르 솔제니친(Aleksandr Solzhenitsyn)은 1978년 하버드 대학교 연설에서 "법적인 틀이 삐걱거리기 시작할 때까지 모든 사람들은 스스로 법적 허용범위를 확장해나간다."라고 했다. 그는 물질주의라는 토대 위에 세워진 삶의 방식을 비판했다. 이러한 물질주의는 사회와의 관계를 결정하는 개인의 권리로 세워진 삶의 방식, 다시 말해 개인의 새로운 자유들을 인정받기 위한 투쟁 위에 세워진 삶의 방식뿐만 아니라 무상, 연대, 이타주의의 가치까지 모두 부순다는 이유에서다.

어마어마하고 무한한 물질적 자산이 있어야 갈 수 있는 지상낙원의 전설은 경쟁심과 욕구불만, 그리고 사람들끼리는 서로 만족시킬 수 없는 탐욕을 격앙시켰다. 솔제니친은 이를 "모든 서구 사회가 원하는 중요하고 필수적인 것, 즉 안락함의 슬픈 가면이자 성배의 모조품, 황금송아지"라고 했다. 그리고 "현대인은 권리와 의무의 노예가 되었다."라고 말하며, 그렇기 때문에 해결할 수 없는 고독에 빠질 운명이라고 말했다.

솔제니친은 언론과 미디어가 부차적이고 없어도 되는 필요 이상의 것들로 여론을 채우기 위해 함부로 여론을 퍼뜨려 고독을 악화시킨다고 경고했다. 언론과 미디어에는 우리의 정상적인 사고와 필연적인 자성을 막으며 내면성을 해치는 소란스런 사건들로 가득하다는 것이다. 그는 서구 사회의 과도한 물질주의로 인한 빠른 변화 속에서 인간의 내적생활의 죽음, 적어도 유익하고 평온함을 주는 내적생활에 대한 모든 가능성의 죽음에 주목했다.

이러한 변화가 임계점에 달하면 항상 '와해'라는 결과로 이어진다. 그 예로 자신의 개성과 다름을 드러내고 인정받고자 하는 권리는 대중의 흐름과는 반대되는 작은 공동체들을 결집시켰으나, 이후 이해관계가 다른 집단 간의 지나친 경쟁으로 희생자를 만들고 사법권에 호소하면서 사람들이 서로를 적대시하는 극단적이고 이기적 공동체주의를 만들기까지 했다. 대중 속에서 홀로 방황하는 개인들이 공동체주의 덕분에 서로 결집해 삶을 재구성할 수 있다고 믿은 것은 실로 잘못된 생각이었다. 이러한 이기적 공동체주의는 단지 자신들의 권리와 법적 예외들을 주장하며 이것들이 법적으로 인정받기를 바라고, 그렇게 법의 틀에서 쟁취한 자신의 권리를 존중받기 위한 것이다.

사실 이 때문에 개인은 종종 극도로 분열된 사회에서 기준과 가치를 잃은 채 살고 있다는 느낌에 더욱 사로잡히게 되었다. 이런 이기적 공동체주의는 수적 논리가 가시화되는 데 일조했을 뿐이다. 사람들이 하나 또는 그 이상의 구체적인 것에 대해 서로 합의하기 위해서 결집했다가 목적을 달성하면 해산하는 것처럼 말이다.

이로써 개인의 개별성이 권장되는 와중에도 수적인 힘의 우위를 가진 집단이 승리하는 것을 지켜본 개인들은 어느 단체에도 소속되지 못하면 더욱 강렬하고 막연한 소외감을 느낀다는 역설이 명백해진다. 미국 사회학자 데이비드 리스먼(David Riesman)이 명철한 시각으로 요약한 대로, 사회는 이제 '고독한 군중'[5]이 되었다. 아니면 MIT대학교 사회과학부 교수 셰리 터클(Sherry Turkle)이 말한 대로 사회는 '다함께 홀로'[6]인 방식으로 굴러가고 있는 셈이다. 그렇지 않으면 무엇이겠는가? 개인주의는 가능한 한 많은 대중의 관심을 끌기 위해서, 개인 간의 유대관계를 형성하는 대신 개인 간 경쟁을 가중시켰다. 이러한 방식은 사람들 사이에서 타협이 아닌, 소외의 도식을 이끌어냈을 뿐만 아니라 타인들과의 불화를 초래하기도 했다.

---

5 David Riesman, *La Foule solitaire*, Yale University Press, 2001.

6 Sherry Turkle, *Seuls ensemble, De plus en plus de technologies, de moins en moins de relations humaines*, L'Échappée, 2015.

이러한 사회적 경향은 자녀 교육에도 영향을 미쳤다. 부모와 자식 간의 유대는 보편적이며 모두가 인정하고 존중하는 것이다. 그런데 오늘날 부모들은 자녀들과의 강한 유대관계 속에서 자녀를 교육하는 데 점점 더 큰 어려움을 느끼고 있다. 사회학자들은 부모와 자식 간의 강한 유대를 인정하고 있지만, 교육자들은 반대로 이를 안타깝게 여기고 있다. 교육의 대략적 윤곽에 대한 전반적인 합의가 이제 없어졌다는 이유에서다. 오늘날 각 개인은 타인의 권위에 도전할 수 있는 권한을 지닌다고 느낀다. 자녀가 부모의 권위에 도전하는 것처럼 말이다.

뿐만 아니라 부모나 자녀가 선생님의 권위에 도전하는 경우도 있다. 오늘날 학부모 단체는 교육기관 내에서 그 존재감을 더욱 드러내고 있다. 그들은 모두 인터넷 덕분에 교육 방식에 대한 권위 있는 의견들과 그와 상반되는 의견들을 동시에 찾을 수 있게 되었다. 그리고 시장에 가듯 인터넷에 접속해, 여기저기에서 자신이 원하는 것에 가장 근접한 정보들을 취한다. 하지만 그것이 항상 교육자의 의도에 정확히 부합하는 것은 아니며, 결국 부모와 교육자는 서로 상대가 자신의 권위를 무력화시킨다고 하며 서로의 권위를 상쇄시킨다. 그 탓에 어느 존재의 권위도 느낄 수 없는 아동은 누구를 모델 삼아 자신을 만들어가야 할지 더는 본능적으로 알 수 없게 되었다. 그리고 선생님과 같은 권위로 자신의 생각을 표현해도 된다고 생각하게 되었고, 결국 모든 말은 똑같은 가치를 지닌다고 여기게 되었다. 마침내 권위가 사라진 것이다.

청소년들은 권위가 사라진 곳에 자발적으로 부모와 자신 사이에 경계선을 만들었다. 부모를 가리켜 '늙은이', '올해가 마지막(PPH; pas sera pas l'hiver)'[7], '영감탱이', '할망구'와 같은 표현을 사용한다. 예전에는 자녀들이 부모의 권위에 저항하긴 했어도, 부모의 권위가 곧 자기 세대의 기준이자 부모-자식 관계를 강화시키는 것이라는 사실을 부정하지는 않았다. 프랑수아즈 돌토(Françoise Dolto)는 "모든 자녀가 부모에게는 오직 하나뿐인 존재여야 한다."라며 각각의 아동을 개별적으로 이해하기를 바랐는데, 그런 그의 법칙들을 일정 부분 이해한 틀에서 자란 사람들은 형제자매간에서 자신이 차지하는 위치에 결코 얽매이지 않았다. 이제 모든 아동은 부모와 동등한 위치에서 말하고, 부모는 자녀를 형제자매간에서 차지하는 그의 위치나 역할에 따라 이해하는 대신 하나의 개인으로서 받아들이게 되었다. 또한 과거와 달리 가족은 더 이상 하나의 작은 사회가 아니게 되었다. 가족은 분열해, 이제 개별적 존재의 집합 장소가 되었다.

이러한 현상은 가정에서뿐만 아니라 교육 시스템에서도 나타나고 있다. 한 예로 국회는 중학생들을 회기에 초청해 자신의 바람과 요구사항들을 표현할 수 있는 장을 열어주었는데, 의원들은 어떠한 정치적·경제적·사회적 권위도 세우지 않고 학생들을 존중하며 그들의 말에 신중하게 답을 했다. 또한 수많은 출판사들이 국가의 외

---

7 나이가 들어 '이번 겨울을 넘기지 못할 것이다'라는 의미로, 자녀가 부모를 가리켜 사용한 구어 표현─역주

교 정보를 전달하기 위해 발행하는 간행물 덕분에 청소년들이 당대 현안들에 자연히 관심을 가질 수 있는 여건을 마련하였다.

이러한 모습은 한편으로는 이제 아동들이 모든 분야의 뉴스를 과도하게 전달받고 있는 실정이다. 심지어 과거 가장 금기시되던 성(性) 관련 주제들에도 여과 없이 노출되고 있는데, 아직 성적 호기심이 형성되지 않은 아동들에게도 예외는 아니다. 사회학자들과 심리학자들은 아동들이 마치 성인처럼 행동하는 이 전반적인 변화에 '의성인화(adultomorphism)'라는 묘한 이름을 붙였는데, 그 논리 안에서 아동은 점점 더 독립성을 요구받게 되었다. 또한 사회적으로는 젊은 세대를 선호하는 현상이 자리하기 시작해, 다양한 연령층 간의 경계들이 허물어지고 더 이상 의복이나 습관 등으로 연령대를 알 수도 없게 되었다. 그렇게 어른들이 젊게 행동하려 할수록 젊은 세대들은 어른들의 권위에서 해방될 수 있었고, 무리생활의 법과 규범들은 느슨해지다가 이후 자취를 감추기에 이르렀다.

타인과 소통하는 새로운 방식

앞서 언급한 미국 심리학자이자 인류학자인 셰리 터클은 현대인과 새로운 통신기술의 관계, 그리고 그 기술의 사용이 현대인의 행동에 미치는 영향을 알아내는 데 연구의 대부분을 할애했다. 그리고 마침내 SNS나 로봇의 사용으로 인해 사회 구성원들을 잇는 상호의존의 역학이 변한다는 사실을 밝혀냈다. 또한 사회계약이 의당 부과하는 호혜와 연대의 원칙이 SNS 때문에 얼마나 변질되었는지를 강조하며, "인터넷과 같은 가상공간에서 우리는 어떤 종류의 책임을 발전시켜야 할까?"라고 반문하기도 했다.

셰리 터클은 그녀의 1984년 작인 《제2의 자아(The Second Self)》에서 그 질문에 대한 첫 번째 답을 내놓았고, 이어서 1997년에는 《스크린 위의 삶(Life on the Screen)》을 발간했다. 그녀는 이 두 작품을 통해 인간이 컴퓨터와 어떤 관계를 유지하는지 탐구했으며, 같은 주제로 30년간 탐구한 끝에 2015년, 《외로워지는 사람들(Alone Together)》[8]을 발표했다. 셰리 터클은 이 책에서 컴퓨터가 인간의 삶을 침공하는 것을 사회적 혁명이라 소개하며 이를 '로봇시대(Robotic moment)'라 명명했다. 실제로 컴퓨터는 우리가 50여 년 전부터 사용해오던 가전제품처럼 평범한 물건이 아니다. 컴퓨터는 단순한 존재이면서도 엄연히 심리적인 차원을 반영한다는 점에서 참신하다고 할 수 있다.

컴퓨터와 사용자 사이에 감정적 차원이 존재한다는 사실은 이후 다마고치 시장이 출현하면서 더욱 명백해졌다. 애완동물의 아바타격인 다마고치는 우리가 조금만 주의를 기울이지 않아도 죽을 수 있으니까 말이다. 셰리 터클은 휴대폰과 컴퓨터를 탐구하면서, 이 새로운 통신수단이 친교의 개념을 크게 변화시켰다는 사실을 증명

---

8 Sherry Turkle, *Seuls ensemble*, op. cit.

하기 시작했다. 또한 사람들이 SNS에 자신의 아바타를 만들려 하는 경향을 보이고 항시 접속해 있기를 끝없이 갈망하는 현상, 그리고 네트워크 증식을 통해 광범위하게 연결되고자 하는 젊은 층의 끝없는 욕망을 분석했다. 그리하여 새로운 형태의 고독들이 출현했으며 새로운 통신기술을 이용할수록 그 고독들이 더욱 심화된다는 역설적인 사실을 증명했다.

한편 컴퓨터 사용에 익숙한 사람이 컴퓨터를 통해 '관계들'을 완전히 규격화하면 자신이 고독 때문에 고통받는다는 사실을 알아차리기가 더욱 어려워진다. 왜냐하면 이 규격화된 관계들 덕에 서로가 가까이 있다고 느끼며, 컴퓨터 화면 앞에 홀로 앉아 있으면서도 다른 인터넷 사용자들이 올린 게시물을 보며 즐거워하기 때문이다. 그들은 SNS 접속을 자신의 일과와 취미의 최우선순위로 삼으면서 자연히 주변 사람들을 소홀히 하게 된다. 그로 인한 상실감은 간과한 채 말이다. 그렇게 인터넷 사용자들은 주변 사람들과의 관계를 강화하거나 일상생활에서 만나는 사람들에게 애착을 갖기보다는 가상의 관계를 우선시하게 된다.

물론 가상에서도 진지하고 깊은 관계를 만들 수 있다. 하지만 현실에서 보면 개개인의 물리적인 거리는 상당히 멀다. 또한 그들은 블로그나 채팅, SNS, 온라인 신문기사의 익명 댓글란 등 수많은 대화의 장을 제공하는 인터넷에서 한 곳에 대한 만족도가 떨어지면 즉시 다른 곳으로 이동할 수 있다. 뿐만 아니라 아무 설명 없이 대화 상대를 '퇴장시킬' 수도 있다. 이런 식으로 인터넷상의 진정한 감정적 재핑(zapping)[9]이 생겨나는 것이다.

한편 셰리 터클은 컴퓨터 사용자가 여러 가지 활동을 동시에 할 수 있는 능력, 특히 여러 가지 통신수단을 동시에 활용할 수 있는 능력인 멀티태스킹의 효과들을 정확히 짚어냈다. 인터넷 사용자는 온라인상에서 과도하게 활동하며 어디에든 동시에 존재한다는 느낌을 받고, 수많은 다른 사용자들과 촘촘한 관계를 맺는다는 기분에 휩싸인다. 하지만 인터넷과 SNS가 유발하는 자극들에 집중하며 주변 환경에서는 사실상 고립된다. 사실 노인들이 멀티태스킹을 할 경우[10] 확실히 뇌가 끊임없이 재구성된다는 긍정적인 효과가 있다. 하지만 멀티태스킹은 아동과 청소년의 집중력에 부정적인 영향을 미친다는 사실은 분명하며, 멀티태스킹이 더 효율적이라는 진정 잘못된 착각을 할수록 그 영향은 더욱 해로울 것이다.

매사추세츠공과대학교(MIT) 신경학자 얼 밀러(Earl Miller) 박사는 자기공명영상 실험을 통해 뇌는 여러 가지 자극을 받으면 그 중 단두 가지만 기억하고, 그 두 가지를 가능한 한 가장 빠르게 교대 수행하다가 과부하 되고 피로해진다는 사실을 증명했다. 또한 심리학자 데이비드 마이어(David Meyer)는 멀티태스킹을 하면 흐름이 끊기고 주위가 산만해져 결단력이 감퇴하고 실수가 증가하는 위험이 있다고 말했다. 그는 멀티태스킹에 능숙한 사람들은 만성적으로 산만

---

9 방송 프로그램 시작 전후로 노출되는 광고를 피하기 위해 채널을 돌리는 행위–역주
10 *American Journal of Geriatric Psychiatry*에 실린 한 연구를 참조한다.

해지는 경향이 있는데, 이는 사실상 인지장애이며 담배가 폐에 미치는 영향처럼 눈으로 확인할 수 없지만 해로운 영향을 미친다는 점을 지적했다.

셰리 터클은 멀티태스킹의 영향 중에서도, 수많은 기회를 하나라도 놓칠까 봐 끊임없이 전전긍긍하는 사람들이 대화의 흐름과 활동의 리듬을 기계에 맡겨버리는 경향을 우려한다. 메리는 "나는 식탁에서 남편과 아이들이 각자 태블릿과 휴대폰만 보며 대화라곤 하지 않을 때, 그 어느 때보다 가장 외롭다. 심지어 오후 내내 그들이 좋아하는 음식들로 맛있는 저녁식사를 차렸는데 음식은 들여다보지도 않는다."라며 화를 내기도 했다.

현실 속에서 주변 사람들의 모든 요구에 만성적으로 불응할 수밖에 없는 것이 바로 그 때문이다. 오늘날 가족 식사 중 점점 더 많은 아이들과 청소년들이 주변에 완전히 무관심한 태도로 휴대폰만 들여다보는 것을 볼 수 있다. 더욱이 그들은 주로 문자로 대화하기 때문에 전화 통화란 사실상 사라진 기능이라 할 수 있다. 이러한 현상은 식당에 마주앉아 각자의 휴대폰을 들여다보는 연인의 모습에서도 확인할 수 있다. 카롤르는 "나는 남편이 이메일 확인에 몰두하거나 끝없이 오는 문자에 일일이 답장하는 것을 더 이상 견딜 수 없다. 이제 저녁식사 시간에조차도 바깥 일이 끊임없이 끼어든다."라며 불평했다.

멀티태스킹과 초연결성[11]은 면대면 대화에서 상대방의 말을 경청하는 것을 방해하고 젊은 층의 대인관계지능과 감정지능 발달을 저해하는 등 실제 만남으로 형성되는 관계들에 치명적인 타격을 준다. 왜냐하면 대인관계지능과 감정지능은 주변인들과 관계를 맺고 무리에 속하며 그룹 활동을 할 때 형성되는 조화로운 사회관계의 기초가 되는 것이기 때문이다.

결국 이 소통의 혁명은 고립과 사회생활의 경계를 흐려 놓았다. 그래서 사람들은 소통의 감소로 방향성을 잃고 조금씩 공허와 우울, 슬픔을 맛보면서도 그 감정을 고독에 연결하지 못하는 등 매우 걱정스러운 상황에 놓이게 된다. 초연결성에 가려 자신의 고립을 미처 알아차리지 못하는 것이다.

페이스북과 같은 SNS 사용자라면 더욱이 이러한 상황을 피하지 못한다. 셰리 터클은 페이스북 타임라인에 동참하기 시작하면 거짓 자기를 만들어내고, 환심을 사기 위해 가면을 쓰거나 애써 꾸민 자신을 믿게 된다고 말했다. 나는 이 '두 번째 자아'를 피할 수 있을 거로 자신한다면 오산이다. 페이스북에서는 항상 이미지를 연출해야 하고, 진실을 낱낱이 보여주면 안 되는 것이 활동 원칙이기까지 하다. 이 원칙 하에서만 페이스북의 즉흥성이 강화되고 사용자들은 셀피(selfie)를 찍어 올리는 것으로 대인관계에서 자아도취에 빠질 수 있는 것이 설명된다. 사용자들이 타임라인에서 걱정 없이 웃으며 자기 확신을 갖고 쿨한 사람이 되려 하는 이유도 바로 이 때문이다. 그

---

11 캐나다 사회과학자 아나벨 퀴안-하세(Anabel Quan-Haase)와 배리 웰만(Barry Wellman)이 처음 정의한 것으로, 네트워크로 연결된 조직과 사회에서 인간의 상호 소통이 이메일, 메신저, 휴대폰, 페이스 투 페이스 접촉 등 다양한 방법을 통해 다차원적으로 확장되는 현상-역주

렇게 페이스북에서는 모든 사람이 버락 오바바처럼 되고 싶어 한다. 폴은 "인스타그램에는 나의 생활들을 일일이 기록하듯 사진을 계속 올려야 한다. 그런데 다른 사용자들의 사진을 보면 내 생활은 초라하기 짝이 없다! 인스타그램을 보면 좋은 곳에서 훌륭하고 유명한 사람들과 함께하는 사람들이 정말로 존재한다는 것을 느낀다."라며 탄식했다.

결국 사람들은 두 번째 자아를 만들기 위한 끊임없는 계산 속에서 타인을 불신하게 되고, 이로 인해 또 하나의 벽을 더 쌓게 된다. 그리고 실제로는 곁에 아무도 없다는 사실 때문에 현실세계에서 치밀한 자기검열도 할 수 없게 되는 한편, 가상세계에서는 이 다른 자아에 숨어 외설적인 사진과 음란한 고백, 상스러운 언사 등의 모든 방종을 스스로에게 허용한다. 클로에는 남자친구가 자신과 함께 찍은 사적인 사진들을 인터넷에 공개했다는 사실을 알게 되어 그와 헤어졌다고 말하며 "그날, 그는 나를 파괴했다."라고 했다.

이제 타인의 감수성을 존중하는 일은 하찮은 것이 되었다. 사람들은 자신의 개성을 앞세워 남들보다 우월하다는 것을 증명하고자 가능한 한 튀려고 노력한다. 그리고 그 영역에서 일인자가 되려 하고, SNS에서 팔로워 수로 이를 증명하고자 한다. 프랑수아라는 내 담자도 예외는 아니었다. 페이스북에서 1,876명과 친구를 맺은 그는 팔로워 수가 수백만 명에 달하는 할리우드 스타 킴 카다시안(Kim Kardashian)을 보며 거의 실패에 가까운 감정을 느꼈다고 고백했다. 링크드인 계정의 '친구' 수가 충분한 정도에 달해 파리로 가서 일을 찾기로 결심했다는 아델린. 나는 그녀의 편지를 읽으며 SNS가 시사하는 권력을 느낄 수 있었다.

솔로들의 사회

물질주의는 우리 사회를 지배하고 있다. 그리고 오늘날 누구도 그 존재를 감히 부정하지 못한다. 물질주의는 상업의 승리를 보장했고 모든 것에 시장 가능성을 제시했다. 이러한 사회에서 인간관계는 완전히 변했고, 사람들은 상대가 '어떤 사람인지'보다 '무엇을 가졌는지'를 훨씬 중요하게 여기게 되었다. 이제 그들은 타인의 물욕과 욕정 등의 욕망을 자극하고 싶은 욕구와, 타인이 자신에게 불러일으키는 그 욕망을 향유하는 것의 절대적 필요성을 바탕으로 관계를 맺는다. 그래서 오늘날 우리는 사랑에 관한 한 서구 현대사에서 유례를 찾아볼 수 없는 격변을 목도하고 있다. 하지만 예상치 못하게 여성은 대상화되고 여성의 역할이 성적 차원에 축소되고 있으며 영원한 쾌락과 젊음이 절대적으로 중요해지고 있다.

이러한 변화는 뜻밖의 결과를 초래했다. 사람들이 어떠한 거리낌이나 수치심도 없이 섹스토이와 섹스로봇을 사용하게 된 것이다. 섹스토이가 보편화되고 대형 슈퍼마켓에 진열되기 시작한 이후 5년 동안, 실제로 미국과 일본에서는 섹스로봇 산업이 발전했다. 미국의 경우 로봇을 개량하고 로봇의 성격 형성에 사용자 설정 기능을 도입하기 위해 5개 기업이 연구소를 세우기까지 했다. 이처럼 21세기 서구 사회는 가장 은밀한 접촉을 부추기고 소울메이트와의 교감에 대한 향수를 매우 강렬히 채워주는 현실태[12]에 맞추어, 가장 극심한 고독에 빠진 사람들에게 욕망을 채우는 수단을 제공하고 상대방, 사랑, 합의, 그리고 욕망이 쏟아낼 수 있는 대화의 가능성마저 변질시키면서 욕망을 채워주는 상품들의 거래를 발달시켰다. 과연 기계와 성관계를 맺는 상황보다 더 비장한 고독을 상상할 수 있을까?

혼자서 성행위하는 사람이 사회적으로 고립되어 있을지도 모른다는 점은 어렵지 않게 이해된다. 사람들이 수많은 장소에서 다양한 이벤트를 통해 로맨틱한 만남을 준비하고 기획한 것은 어제오늘의 일이 아니다. 사람들은 자신과 잘 통할 만한 호감의 대상이나 결혼 상대를 찾기 위해 저녁파티나 축제, 깜짝 파티와 같은 만남의 장에 모여들었다. 지역 축제와 축제 무도회는 가족 단위로 참가하거나 시 차원에서 참여한 수많은 사람들이 만날 수 있는 장이었다.

한편 섹스 파트너를 찾는 사람들은 남녀노소 불문하고 다른 사람들과 함께 뻔질나게 돌아다니며 카페나 레스토랑, 클럽을 가거나 공원과 정원을 산책하며 스페인과 이탈리아의 전통인 밤의 파세지아타(passeggiata)[13]시간을 보낸다. 이러한 상황에 힘입어, 오늘날 성적 요구에 항시 응하고 순종적이며 인간의 형상을 갖추어가는 여성 '섹스

---

12 아리스토텔레스가 완성한 철학적 개념으로, 광범위한 '활동'을 의미한다-역주
13 이탈리아어로 '산책'을 의미하는 단어로, 해질 무렵 사람들이 모여 마을을 천천히 걷는 의식을 일컫는다-역주

봇'의 영역은 상당한 진척을 이루었다. 하지만 섹스봇에 극도로 열광하는 현상을 두고 수많은 미국 단체들은 '수컷들의 위대한 섹스 탐험'이라며 규탄했고, 많은 사회학자들과 정신과 의사들이 일본과 미국에서 새로운 섹스봇 상품들이 등장하고 보편화되는 데 우려를 표하기도 했다. 어쨌든 일본과 미국에는 사랑을 나누는 인형 '러브돌' 마니아 클럽들이 이미 존재하며, 남녀용 섹스토이가 대형 슈퍼마켓에서 판매되고 있고, 수많은 대형 리테일러[14]에도 버젓이 진열되어 있다.

한편 정신과 전문의들과 성의학자들은 그럭저럭 잘 만들어진 섹스토이 사용의 보편화가 청소년들의 정서 발달을 심각하게 저해할 것이라고 본다. 청소년들은 사춘기적 욕구로 섹스토이에 쉽게 중독될 수 있다는 이유에서다. 또한 사춘기 소년들이 어떤 요구에도 즉각 동의하고 기계적으로 순응하는 섹스토이에 익숙해지면 사회적 학습[15]을 경험하지 못할 수도 있기 때문이다. 즉 청결을 유지하는 데 엄격해야 한다는 생각이나 선물을 주고 데이트하는 관습, 상대방의 말을 경청하고 그의 욕망과 요구를 존중하며 기다릴 줄 아는 법 등을 배우는 사회적 학습, 다시 말해 진정한 사회화의 한 부분인 구애의 첫 단계를 통해서만 경험할 수 있는 사회적 학습의 기회를 잃을 수도 있다는 뜻이다. 영국의 소설가이자 비평가인 올더스 헉슬리

---

14 소매 유통업체로, 월마트, 이마트, 까르푸 등이 대표적이다—역주
15 개인 간의 상호관계를 통해 이루어지는 것으로, 타인과 접촉할 때 그 타인의 의도와는 관계없이 그의 행동을 모방하여 자기의 행동을 수정하는 학습을 말한다—역주

(Aldous Huxley)도 그의 저서 《멋진 신세계(Brave New World)》에서 감각적 욕망을 충족시키는 '촉감영화관(tatile cabine)'을 상상하는 데 그쳤을 뿐, 미국 기업 트루 컴패니언(True Companion)이나 어비스(Abyss)가 제작한, 음모(陰毛)마저도 그럴 듯한 인간 형상의 섹스봇은 감히 창조해내지 못했다.

오늘날 심리학자들과 사회학자들은 섹스봇의 일반화를 우려하고 있지만, 사실 그 이전에 이미 미국에서 시작된 블라인드 데이트[16]와 스피드 데이트[17]의 일반화가 데이트라는 사회윤리를 침해하는 데 일조하고 있었다.

사람들은 친구의 소개로 학교나 교내 카페 같은 곳에서 자연스럽게 대화를 나누며 소울메이트를 찾는 과정을 생략하고, 소개팅 상대와 잘 통하는지를 몇 분 만에 판단할 수 있다고 믿으며 서로를 알아가는 시간을 극단적으로 단축하고 있다. 하지만 단시간의 시행착오는 만남과 지속적 관계의 가능성을 열어놓기보다, 자기 비하와 불안, 실패와 고독에 대한 두려움을 유발해, 사람들은 자신의 예상과 반대되는 결과에 이르게 된다. 가령 첫눈에 마음을 닫아버리거나 잠자리 후 끝나버리는 등의 실패한 관계에서 다시 고립감을 느끼고, 미래를 위한 견고하고 진정한 관계를 맺는 데 무력감을 느끼는 것이다. 나는 언젠가 실연의 굴레에서 벗어나지 못한 내담자에게 그가

---

16 안면이 없는 남녀의 데이트로, 한국에서는 소개팅이라고도 한다-역주
17 독신 남녀들이 애인을 찾을 수 있게 하는 행사로, 참가자들은 일정한 장소에서 자리를 옮겨가며 주어진 시간 동안 이성들과 대화하고 서로 마음에 드는 상대를 찾는다-역주

연인의 성관계 요구를 성급히 받아들인 이유를 물은 적이 있다. 그러자 그는 자신이 성관계를 거부하거나 미루면 연인과 당장 헤어지게 될까 봐 두려웠다고 고백했다.

하지만 지나치게 쾌락을 추구하고 감정 영역에서조차도 무분별한 소비를 곧 풍요라고 여기는 사회에서, 섹스로 국한된 사랑이 각 개인의 내면에 있는 정서적 욕구를 충족할 수 있으리라고는 감히 상상할 수 없을 것 같다. 더욱이 가정을 원하는 젊은 여성들의 안전 욕구를 채워줄 수 있을 거라는 생각은 두말 할 나위도 없다. 이러한 현실에 대해 우리는 사회적 변화가 초래한 수많은 역설 중 하나를 읽어낼 수 있다. 바로 상대가 많을수록 고독과 불만족이 커진다는 사실이다. 진정한 관계를 기대하며 컴퓨터를 통해 상대방을 만나지만, 정작 함께하면 할수록 고독이 깊어지는 것이다.

한편 로봇은 성의 영역에만 등장한 것이 아니다. 최근에는 일본의 첨단 신기술에 힘입어 노인들을 보조하는 양로원 로봇이 계획되기도 했으며, 노인 지원을 전문으로 하는 에드니협회(Edenis)의 선두로 현재 관련 시범사업 두 건이 검토 중에 있다. 'Presence+Visitor'이라 불리는 이 서비스는 인간 형상의 로봇을 이용하는 것으로, 로봇에는 스카이프(Skype)[18]에 착안한 조작 화면이 탑재되어 있고 이를 통해 양로원의 노인들은 직접 방문할 수 없는 가족이나 친구들과 연락을 취할 수 있다. 또한 로봇은 원격 조종이 가능하며, 가족이나

---

18 온라인을 기반으로 무료 통화 서비스를 제공하는 소프트웨어-역주

친구들은 로봇을 조종해 노인들과 나란히 걸을 수도 있다. 만약 노인들이 이 신문물에 적응하려 노력하기만 한다면 그들의 인지기능이 단기적으로 긍정적인 영향을 받는다는 사실은 분명하다. 그렇지만 가족과 분리되거나 일상생활 또는 연인 관계에서 서로 애정표현을 하지 않아 상대방의 존재를 사실상 느끼지 못하는 노인들이 이 로봇을 통해 고독과 고립감을 덜 수 있으리라는 점은 아직 입증되지 않았다.

이에 셰리 터클은 인간이 다마고치나 퍼비[19], '마이 리얼 베이비' 인형 등의 기계와 감정적 교류를 할 수 있는지 탐구했다. 아마도 강아지나 다른 동물 또는 아기를 본떠 만든 작은 로봇들을 기억할 것이다. 잊지 말고 먹이를 주고 씻겨주며 죽지 않게 보살펴야 했던 작은 로봇들 말이다. 셰리 터클은 사람들이 실제로 감정을 지닌 채 로봇을 대하고, 아이들의 경우 로봇을 돌보는 과정에서 감정 변화를 겪기도 한다는 사실을 증명했다.

가령 아이들은 자신의 부주의로 다마고치가 죽으면 애도의 감정을 겪었다. 또한 아이들은 퍼비의 선생님을 자처하고, 퍼비는 그들의 말을 잘 따르는 식으로 서로 상호적인 관계를 맺었다. 셰리 터클은 자신의 저서에서, 아홉 살 난 비앙카가 퍼비와 생활한 지 한 달째 되던 날 "나는 퍼비를 사랑한다. 왜냐하면 퍼비가 나를 사랑하기 때문이다."라고 고백한 일화를 소개했다. 이처럼 아이들은 기계와 친

---

19 말하는 털인형─역주

밀한 관계를 형성하고 기계에 어떤 것들을 가르치려 하며, 기계의 친구가 되려 한다는 사실을 알 수 있다.

하지만 인간이 과연 사회적 관계를 흉내 내는 것으로 자신의 기대를 충족할 수 있을까? 로봇은 근본적으로 인간에게는 없는 엄청난 장점을 지니고 있다. 바로 무지각이다. 인간이 로봇에게 기대할 수 있는 건 오직 미러링 효과(mirroring effect)[20]뿐이며, 로봇은 주인인 인간이 바라는 일만 할 뿐 그 이상도 이하도 아니다. 또한 로봇의 가상 감정에는 인간에 대한 불평이나 요구, 경쟁심이 전혀 없다. 그래서 로봇과의 관계에 익숙해진 인간은 어떠한 만남에서도 열렬한 감정을 느껴보지 못하고 이상적인 우정과 사랑을 이룰 수 있는 상대와 교감하지 못한 채 멈추어 있게 된다. "결혼은 오직 하나가 되는 것이다. 그런데 그 하나란 무엇인가?" 로봇은 샤사 기트리(Sacha Guitry; 프랑스 배우이자 극작가, 영화감독)의 이 유명한 말장난에도 결코 답할 수 없을 것이다. 그럼에도 불구하고 셰리 터클은 로봇의 긍정적인 영향을 무시할 수 없다고 결론 내렸다. 이는 로봇에 대한 아이들의 감정전이[21]가 부모의 자녀 교육에 도움이 될 수 있고, 양로원 로봇에 대한 노인들의 감정전이가 고독의 치료제가 될 수 있다는 이유에서다. 로봇이 치료목적으로도 유용하다는 간병인들의 말도 이를 방증한다. 사실 아이 곁에 반려동물이나 형제자매, 함께 놀 친구나 애정

---

20 상대방의 행동이나 말을 거울처럼 따라하면서 공감대를 형성하는 것-역주
21 아동기 동안에 중요한 사람들과의 관계에서 경험했던 느낌, 사고, 행동 유형이 현재 맺고 있는 다른 사람들과의 관계로 전치되는 현상-역주

을 쏟아줄 부모 등이 아무도 없는 것보다는 다마고치라도 있는 편이 낫다. 또 방문객이 없는 노인에게는 로봇이라도 있는 편이 낫다. 그렇지만 각자 고립되어 고통받는 사람들에게 로봇은 단지 임시방편일 뿐이며, 로봇을 '대체인간'으로서 보편적으로 사용하면 행복의 필수 조건인 정서지능과 대인관계지능이 감퇴할 위험이 있다. 또한 사회관계에서 요구되는 개인의 노력과 오픈마인드, 양보, 연대의 이념이 상실되어 인간보다 로봇을 선호하는 현상이 만연할 수도 있다.

그렇다면 공허감에서 비롯한 끊임없는 과잉소통, 그리고 무한경쟁으로 인한 극심한 고독의 시대에서, 사람들과 유익한 관계를 맺고 거리를 좁히는 방법은 무엇일까?

시장은 이미 이러한 시대 경향을 바로잡는 대신 수용하는 편을 택했다. 그 결과, 혼자 사는 사람들을 겨냥한 간편 조리식품의 공급이 증가하고 1인 가구를 위한 주거 형태가 확대되고 있다. 또한 디자이너와 식품회사, 도시계획전문가, 사회복지사, 미혼모를 격려하고 지원하는 페미니스트 단체를 비롯한 여러 단체의 활동 덕에 1인 가구의 생활 여건이 안정적으로 변화하고 있다.

많은 사회학자는 이러한 현상이 향후 수년 내에 폭발적으로 확대되어 성인들 중 거의 대부분이 혼자 살게 될 것이라고 말한다. 뉴욕대학교 에릭 클라이넌 버그(Eric Klinenberg) 사회학 교수는 이러한 사회를 '솔로들의 사회'라 명명하며 1995년부터 연구에 착수했다. 그는 이 변화가 서구 사회를 지배하는 진보적 가치들이 야기한 필연적 결과라고 말했다. 즉 여성해방과 도시화, 그리고 앞서 언급한 신기술의 발달이나 기대수명 연장 등의 모든 발전이 오늘날 1인 생활이라는 새로운 생활방식에 기여했다는 것이다. 여기에는 개인적인 이유도 한몫한다. 대도시에 사는 사람들은 대부분 혼자 사는 방식을 터득하기 시작했는데, 이는 딱히 확고한 결심으로 독신을 택해서라기보다는 결혼할 기회나 마음이 없어서라는 점이 주원인이다. 이러한 현실에서 사람들은 자신만의 세상과 규칙을 만들었고, 클라이넌버그 교수는 이 현상에 '개인주의의 숭배(cult of the individual)'라는 이름을 붙였다.

이러한 사회적 변화는 매우 중차대해서 철학자들은 이를 두고 새로운 문명이 아닌, 비문명을 언급하기에 이르렀다. 점차 이 새로운 상황을 모두 수긍하고 있는 눈치이다. 그러므로 이제 이 혼란과 그에 따른 새로운 사회배경을 고려해, 그것이 야기하는 불행의 원천, 즉 고독을 분석해야 한다. 현대인들은 더 이상 40여 년 전처럼 낙담하거나 불안해하지 않는다. 단지 그들은 우울하고, 외로울 뿐이다.

4

현대사회 연구 주제 1순위,
고독

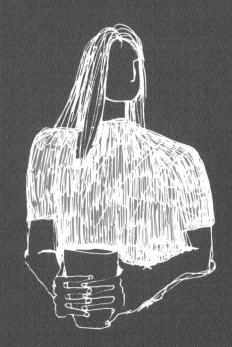

개인이 그의 부모에게서 받은 교육이나 종교, 그가 자라면서 사회에서 받은 교육에 의해 조절된 초자아는 많은 무의식적 욕망을 억압한다. 이러한 무의식적 욕망을 억압하며 생긴 금기는 무의식적 욕망이 정신에 일으키는 충동을 배가시키기에, 인간은 욕망을 억압했던 이 금기에 매혹된다. 욕망의 실현과 완전한 충족을 가능하게 할 절대적 즐거움의 대상은 우리가 의식하지 못한 사이에 나타나기 때문에 결코 닿을 수 없다. 그러므로 욕망은 영원히 반복되는 불만족일 뿐이며, 인간은 끝없는 욕망과 채울 수 없는 결핍을 겪는다. 그리고 수많은 정신분석가들은 이 결핍의 본질이, 어머니와 감정적으로 결합했을 때 느끼는 충만한 만족감을 되찾을 수 없다는 데 있다고 해석한다.

사회·문화·기술의 새로운 풍경은 유례없는 고독의 상황들을 만들어냈다. 그리고 현대인들은 이에 대한 전통적인 해결책이 없어 그 상황들을 타개하는 데 더욱 어려움을 겪고 있다. 게다가 최근에서야 고독을 심리학적 주제로 다루기 시작한 탓에, 심리학자들과 정신과 의사들은 고독의 상황들을 아직은 이해하기 까다로운 것으로 여기고 있다.

실제로 1960년대 이전 고독을 연구한 정신분석가들은 프로이트, 위니코트, 클라인, 프롬, 리히만, 설리반, 돌토 등 극소수에 불과했다. 반면 오늘날 고독은 사람들이 최우선으로 고민하는 걱정거리이자 가장 널리 퍼진 감정이며, 현행 사회학적 연구에서 1순위로 다루어지는 주제가 되었다. 이는 고독이 현대사회의 재앙이자 사회적 문제로 떠오르고 있다는 데서 그 이유를 찾을 수 있다.

신경과학과 정신분석

극소수이긴 하나 앞서 언급한 정신분석가들이 고독의 고통을 연구 주제로 다루었음에도 불구하고 이를 주제로 한 심리분석 소설이 매우 드물다는 점은 사실 그리 놀랍지 않다. 그러나 이제 고독의 고통이 오늘날 가장 활발히 제안되는 연구 주제라는 사실은 2016년 11월 제4그룹(Quatrieme Groupe; '파리 프로이트학파(EPF; École Freudienne de Paris)'의 분파로, 정식 명칭은 '프랑스어 정신분석기구(OPLF; Organisation Psychanalytique de Langue Francaise)')[1]이 주최한 툴루즈 학술대회를 통해 증명되기도 했다.

고독에 대한 연구가 다른 주제들에 비해 극히 적다는 데 놀란 사람들은, 사실 고독이 심리치료사나 정신분석가와의 직접적인 상담의 대상이 아니라는 것을 이해해야 한다. 그러나 실제로 고독은 상담치료 중에 고통이라는 형태로 편재하며 인격의 다양한 구조에서 발현된다.

고독은 분명 다양한 각도에서 다룰 수 있다. 예를 들어 정신과 의사는 내담자의 성향과 증상에 따라 고독을 다루고, 신경학자와 신경과학자는 내담자의 뇌 발현을 바탕으로 고독을 다룬다. 또한 사회학적 측면에서 고독에 접근하는 방법도 있다.

앞서 나는 내담자가 느끼는 고통의 원인들을 보다 잘 이해하고자 현대사회에서 고독이 취하는 새로운 형태들을 언급했다. 그러나 이 책에서 나는 정신분석과 신경과학 연구의 두 가지 각도에서만 고독을 다룰 예정이다. 왜냐하면 나의 임상연구 주제가 개인이기 때문이며 정신분석과 신경과학연구의 접근법이 개인을 중심으로 하고 있기 때문이다.

물론 고독을 다양한 각도에서 정의할 수는 있다. 그러나 고독은 명료히 다루어져야 하므로 이에 대한 학문적 연구는 심리적 또는 신체적 영향과 징후에만 제한될 수밖에 없다. 그래서 고독은 고통

---

1 OPLF; Organisation Psychanalytique de Langue Française—역주

스러운 증상들로만 이야기할 수밖에 없으며, 그 증상들을 정신분석은 언어로, 신경과학은 이미지로 정의하는 것이다. 이때 이 두 분야의 관계는 일견 명료해 보이지만 실은 그렇지 않다. 조금만 들여다보면, 정신분석적 측면에서 분석된 사실들과 신경과학적 측면에서 자기공명영상을 통해 관찰된 사실들을 서로 연결 짓기란 쉽지 않다. 왜냐하면 생물학적 현상과 심리학 또는 정신분석학적 사실 간의 관계는 결코 단순하지 않고 직접적이지도 않을 뿐더러, 인문과학과 신경과학의 목표가 다르기 때문이다.

신경과학은 세상과 타인과의 복잡한 관계들 속에서 인간의 정신적 메커니즘이 어떻게 작동하는지를 파악하는 새로운 연구 수단을 제공하고 있다. 반면 캐서린 모린(Catherine Morin) 박사의 주장처럼, "정신분석의 목적은 원초적인 사고방식의 존재, 더욱이 그 사고방식의 기반인 신경 프로세스를 증명하는 것이 아니다. 정신분석의 목적은 타인과의 관계에서 개인의 사고방식이 어떻게 발현되는지를 밝히는 것이다."[2] 그러므로 우리는 정신적 프로세스의 기초인 뇌생리학[3]의 이미지들을 통해서는 어떠한 특이성도 발견하지 못한다는 점에 주목할 필요가 있다. 신경망 간의 소통 과정은 감정이나 운동, 학습, 지각 등 모든 작용에서 똑같다.

물론 그간 신경과학과 정신분석을 연결시키기 다소 어려웠던 데

---

2 Dr Catherine Morin, *L'Homme et son cerveau: Neurosciences et psychanalyse*, Odile Jacob, 2017.

3 뇌의 조직이나 작용 등 총체적인 기능을 연구하는 학문–역주

반해, 영상촬영을 통해 감정을 담당하는 뇌의 영역과 기능을 밝혀낸 이후에는 신경과학과 이른바 인지심리학이라 불리는 학문을 유익한 방향으로 관계지을 수 있었긴 했다. 하지만 이런 감정의 표출을 뇌의 특정 영역의 활성화와 연관시킬 수 있다고는 해도, 이러한 기능성 뇌 영상 자료들이 지금까지의 정신분석을 변형시킬 수는 없다.

현재 정신분석과 신경과학은 각기 다른 도구를 이용해, 신체적 고통의 원인들에 대한 이해의 영역을 확장하고 있다. 이때 내담자는 신경과학의 객체이지만 정신분석에서는 주체로서 존재한다. 물론 이 두 분야가 서로 대립하는 것은 아니다. 하지만 신경과학이 정신분석을 대체할 수 없다는 점은 명백하다. 이는 곧 골절 엑스레이(x-ray)가 깁스나 목발을 대신한다는 생각이나 다를 바 없다.

반면 정신분석은 뇌 메커니즘의 이해를 위해 신경과학의 발견들과 진전들을 수용한다. 심지어 정신분석가들은 뇌 손상 환자의 상태를 정확히 파악하기 위해 뇌의 생물학적 기능을 자세하게 숙지해야 하기도 한다.

이는 정신분석이 인간의 정신현상을 연구한다는 데서 그 이유를 찾을 수 있다. 정신분석은 증상들을 단순히 정의하는 것을 넘어, 순수과학에서 다루지 않는 것, 그중 특히 인간을 생동하게 하는 '욕망'과 타인의 감정(emotion)이나 기분(sentiment)을 느끼고 이해하는 공감력에 관심을 두는 학문이다. 이러한 정신분석을 통해 우리는 대인관계에서의 감정의 역할과 중요성을 이해할 수 있다. 신경과학을 통해 폭력적인 장면에 공감할 때 활성화되는 뇌 영역과 공감하지 못할 때 활성화되는 뇌 영역이 서로 다르다는 사실이 뇌 영상을 통해 밝혀졌다 해도, 사실 타인의 고통에 충분히 공감하지 못하는 사람들, 즉 자신의 고통에만 집중하고 타인에 대해서는 아무것도 느끼지 못하는 사람들이나 타인의 고통에 공감하지만 이를 표현하거나 자각하지 못하는 사람들에게는 어떠한 도움도 되지 않으리라는 점은 분명하다. 이럴 때 정신분석이 필요하다. 그리고 정신분석 과정에서 언어는 자기 자신을 알아가고 자신의 정신 현상의 과정을 이해할 수 있는 유일한 도구이다.

거울 뉴런, 욕망과 공감력

신경과학과 정신분석 두 분야 간에 미묘한 차이가 있기는 해도, 감정과 공감력에 관한 한 신경과학이 과거 감정의 신경학쯤으로 불리던 것에 힘을 실어준 것은 사실이다. 여기에는 심리학자이자 신경학자인 안토니오 다마시오(Antonio Damasio)의 공이 컸다. 그는 정서지능이 고(古)포유류의 뇌[4]로 익히 알려진 뇌변연계에 위치한다는 사실을 확인하면서, 1980년대부터 정서지능이 정신발달에서 중요한 역할을 한다고 강조해왔다.

---

4 느낌과 감정을 만들어내는 부위이자 감정에 대한 내장 반응, 즉 심장박동수의 상승, 발한 등을 일으키는 변연계로, 뇌의 중간층에 위치해 뇌간이라는 파충류의 뇌를 둘러싸고 있다. 감정 표현이 포유류만이 가진 고유의 행동이라는 데서 이름 붙여졌다─역주

그러한 연구들 덕분에 이후 뇌 가소성(neuroplasticity)[5]이 발견되고 뇌의 물리적 변화에 관심이 모아졌다. 그리고 실제로 1997년, 자코모 리촐라티(Giacomo Rizzolatti) 교수 연구팀은 상대방의 감정과 의도를 인지한 대로 반사하는 뉴런의 존재를 밝혀냈다. 이 뉴런들은 그 주체가 행동할 때뿐만 아니라 상대방의 행동을 볼 때도 활성화된다. 요컨대 관찰하는 주체의 뉴런들이 관찰당하는 객체의 뉴런들을 모방하는 것이다. 그러므로 반사적이고 영속적인 대인관계 메커니즘을 좌우하는 것은 사실상 신경학자 비토리오 갈레세(Vittorio Gallese)가 이름 붙인 이 유명한 '거울 뉴런'인 것이다. 거울 뉴런은 신생아의 미숙한 뇌에서부터 이미 활성화되는데, 몬트리올 대학교 신경학자 셜리 펙토(Shirley Fecteau) 덕분에 이 뉴런들이 행동과 관찰 사이에 직접적인 관계를 만들어낸다는 사실이 밝혀지기도 했다.

셜리 펙토의 발견은 미국 심리학자 앤드류 멜조프(Andrew Meltzoff)의 이론들을 뒷받침해주었다. 신생아 및 아동의 행동·발달 연구로 저명한 멜조프는 동료인 키스 무어(Keith Moore)와의 일련의 실험 끝에, 18개월 영아들이 부모 중 한 명의 행동을 따라 하는 데 그치지 않고 그 의도를 모방한다는 사실을 발견했다. 가령 부모가 막대기 끝에 달린 공을 떼어내려는 행동을 보이면, 영아들은 그 행동을 따라 하기보다, 본 대로는 아니지만 어쨌든 공을 완전히 제거했다. 즉

---

5 뇌에는 수많은 뇌세포가 있어서 일부분이 죽더라도 다른 뇌세포가 그 기능을 일부 대신할 수 있다. 뇌의 성질을 완벽하게 나타내지는 못하지만 적합한 표현을 찾기가 쉽지 않아 열에 모양이 잘 변하는 특성을 본뜬 표현이다-역주

멜조프의 주장처럼 아동은 표현이 아닌 의도를 모방한 것이다. 이렇게 갓난아기도 어른들이 행동하는 의도와 심지어 실현되지 않은 그들의 의도까지도 이해한다. 어린이들도 꽤 어릴 때부터 어른들의 행위뿐만 아니라 그들의 목적에도 주의를 기울인다.

멜조프는 아주 어린 아동들이 주변문화를 학습하고 수많은 관계로 이루어진 세상을 이해하는 과정에서 모방 능력이 발달되므로 부모가 옆에서 이를 적극적으로 지도하는 것이 근본적으로 중요하다는 사실을 밝혀냈다. 이후, 이 두 과학자는 1970년대부터 감정영역과 행동방식, 억양 등을 통해 아기들과 부모들을 이어주는 모방 과정을 증명했다. 앞으로 수많은 과학자들은 거울 뉴런의 발견에 힘입어, 인간이 모방하는 대상이 행동과 표현이라기보다는 의도와 목적이라는 점을 주장하게 될 것이라고 본다.

스탠퍼드 대학교 뇌인지 연구소 빌라야누르 라마찬드란(V.S. Ram-achandran) 소장은 "거울 뉴런의 발견은 지난 10년 중 가장 중요한 뉴스였다. 그럼에도 거의 주목을 받지 못했다."라며, "나는 심리학에서 거울 뉴런의 역할이, DNA가 생물학에 기여한 바와 같을 것이라고 내다본다. 거울 뉴런은 확고하고 획일적인 틀을 제시해 지금까지의 분석과 경험적 근거로는 해석할 수 없던 수많은 심적 갖춤새(mental set)[6]를 설명하는 데 도움이 될 것이다."라고 말했다.

이것으로 우리는 거울 뉴런이 우리의 관심사인 고독과 어떤 연관

---

6 문제 상태를 거의 의식하지 못하고 판에 박힌 사고에 파묻히는 것—역주

성이 있는지 짐작해볼 수 있다. 말하자면 아동의 이성과 감성의 조화로운 발달을 위해서는 아낌없이 사랑을 주는 적극적인 부모의 존재가 필요하다는 정신분석가들의 주장이 사실이라는 점을 거울 뉴런이 확인시켜주는 것이다.

모방 욕망의 법칙

신경과학의 이러한 진전은 대인관계에서 개인 행동의 근본 과정인 모방 욕망의 법칙을 강조하는 것이었다. 이 유명한 법칙은 인류학자 르네 지라르(René Girard)가 자신의 연구 전반에서 발전시킨 개념으로, 욕망이 욕망하는 주체와 욕망 받는 객체를 단순히 이어주는 데 그치지 않는다는 사실을 제시한다. 욕망의 주체와 객체 사이에는 사실상 제3자, 즉 우리가 모방하는 모델이 존재한다는 것이다. 심리학자들은 이를 '심리적 모방'이라 부를 것이다. 앤드류 멜조프와 신경심리학자 비토리오 갈레세가 2011년《미메시스와 과학(Mimesis and Science)》을 통해 이러한 사실을 인정했듯, 르네 지라르는 문학사 연구를 시작으로 수년간의 인류학적 접근을 통해 이를 증명할 수 있었다!

　우선 정신분석학에서 욕망을 어떻게 해석하는지 기억할 필요가 있다. 프로이트에 따르면, 희망과 소원을 표현하는 욕망은 프랑스어의 욕망(desir)이 내포하는 성적 개념과 직접적인 연관이 없다고 한다. 결핍의 흔적이자 계획과 추구의 표명인 욕망은 기대를 함축하고 있고, 그 기대는 반드시 충족되어야 하는 것이다. 하지만 욕망은 대체로 현실의 벽, 이른바 '현실원리'[7]에 부딪혀, 즉시 충족되는 경우가 매우 드물다. 프로이트는 욕망을 충족하기 위해서는 종종 현실원리의 한계들을 넘어서야 한다고 지적했다. 즉 스스로 현실을 충족되고 실현될 수 있는 상황으로 바꾸어야 한다는 것이다. 그에 따르면, 사람들은 자신이 이미 경험한 것만 욕망할 수 있으며, 그들이 욕망하는 것은 다시 겪고 싶은 과거 쾌락의 경험이지, 먹고 마시고 자는 욕구 등 생명유지에 필수적인 충동들과는 다르다. 정신분석학에서 말하는 욕망은 오직 쾌락에 관한 것이다. 그러므로 우리는 욕망을 억누를 수 있다. 하지만 욕구는 결코 참을 수 없다. 욕망은 가령 판타지(fantasy; 환상)처럼 그 대상을 승화하면서 억누를 수 있지만, 욕구는 물 한잔이나 식사, 수면처럼 반드시 그 대상을 필요로 하기 때문이다. 욕망의 대상은 욕망의 근원이 아니라 욕망을 충족시키는 수단일 뿐이다. 특히 유아기 시절에 욕구를 충족하고 그로써 만족감을 얻은 경험이나 혹여 욕구가 충족되지 않아 생긴 결핍의 경험에서 싹트지, 결코 무(無)에서 생겨나지 않는다. 그러므로 욕망은 항상 우리의 욕구들에서 파생된다고 할 수 있다.

---

7 reality principle; 정신분석 이론에서 도덕의 원리나 쾌락의 원리와 대비해 자아(自我)의 기능을 지배하는 심리적 과정을 가리키는 개념으로, 본능의 쾌락을 즉각적으로 추구하려는 경향이나 초자아의 도덕적 이상을 추구하려는 경향을 현실적 조건에 비추어서 조절하고, 현실적 조건을 비교하고 검토하며 판단하는 사실적 지각과 사고의 기능을 포괄한다–역주

우리는 의식적으로든 무의식적으로든 항상 자신에게 결핍된 것을 욕망한다. 이 욕망들과 충동들이 억눌리면 꿈으로 표출되기도 해서, 욕망으로 표출된 결핍을 채워줄 수 있는 대상을 의식적으로든 무의식적으로든 찾게 된다. 그래서 욕망의 대상들은 쾌락의 간접적인 원천이 되어, 그것을 취할 경우 행복의 원천이 되고, 반대의 경우 고통의 원천이 된다. 그러나 욕망의 대상들이 무엇인지 항상 알 수 있는 건 아니다. 그래서 욕망은 불안의 원천이 되기도 한다. 억눌린 욕망이라면 더 말할 것도 없다. 이 경우 다양한 증상들이 나타나는데, 그 증상들을 파악하고 분석을 통해 치료하는 것이 바로 정신분석의 역할이다.

정신분석은 의식적 욕망과 무의식적 욕망을 구분한다. 하지만 이 학문의 관심사는 당연히 무의식적 욕망이다. 무의식적 욕망은 정신의 가장 깊은 층에서 떠오른다. 의식적 욕망은 무의식적 욕망의 발현일 뿐이며, 무의식과 전의식(preconscious)[8]을 지나 의식으로 이동하는 정신현상의 여정을 따른다. 이 과정에서 욕망은 방어기제를 따르고, 소위 양심의 소리라고 하는 초자아[9]의 검열을 거친다. 한편 방어기제들은 욕망을 현실원리에 맞추고자 하는데, 만약 이러한 과정이 순조롭지 않으면 욕망은 일단 억제되어 무의식의 영역에 잠복해버

---

8 preconscious; 프로이트가 정의한 정신 체계 중 하나로, 다른 것으로는 무의식, 의식이 있다. 전의식은 일시적으로 무의식적인 것으로 간주되며, 의식에 쉽게 접근할 수 있다. 반면 무의식은 검열을 거쳐야만 전의식에 흐를 수 있다—역주

9 superego; 현실원리에 지배되는 자아와 대비해 도덕의 원리에 지배되는 것으로, 자기를 관찰하고 평가하며 채찍질하고 칭찬하기도 한다—역주

린다. 그리고 그 욕망은 대개 대상을 발견하는 순간 자각된다.

또한 욕망에 대한 정신분석학적 연구는 정신 과정[10]에서의 요구(demand)가 무엇인지 정의하기도 했다. 요구는 무엇일까? 프로이트에 따르면, 요구는 무의식적 욕망이 의식 영역에 발현된 후 남은 잉여분이다. 그러므로 검열과 억제가 없었다면 요구는 무의식적 욕망과 동일해, 무의식적 욕망이 요구에 완전히 포함되었을 것이다. 하지만 요구를 무의식적 욕망과 매우 다른 것으로 볼 수도 있다. 다시 말해 본원적 욕망이 발현 과정에서 철저히 억압되거나 검열되었다면 요구와 무의식적 욕망은 반대 개념이라고도 볼 수 있는 것이다. 분석치료를 받는 환자들 중 불만족이라는 정신 형태로 고통받으면서도 "나는 아무것도 요구할 게 없다."라고 고백하는 사람들이 있다. 이는 욕망이 있음에도 너무나 강하게 억제되었기 때문에 그 욕망을 충족시킬 수 있는 대상을 미처 알아보지도 못하는 경우이다. 마찬가지로 혐오 또한 극도로 억압된 욕망이 승화된 형태일 수 있다.

이제 우리는 욕망이 고독을 다루는 데 매우 중요한 매개체라는 점을 이해해야 한다. 타인에 대한 욕구는 인간의 기본 욕구들 중에서도 최우선으로 존재하기 때문이다. 타인에 대한 욕구는 생명 유지를 위해 어머니를 필요로 하는 신생아의 욕구에서 비롯된 것이다. 배고픔을 채워주는 어머니, 어루만져주고 곁에 있어 주는 어머

---

10 감각 및 지각 과정을 통해 물체나 현상을 이해하고, 기억 및 추론 등의 사고 과정을 통해 결론을 내리거나 문제를 해결하는 등 정보를 처리하는 심리적 과정-역주

니, 신생아가 울음으로 표현하는 모든 불안에 다정한 목소리로 응답하는 어머니 말이다. 신생아의 이 욕구들은 대체로 그 정도가 약하든 강하든 깊게 충족될 수 있다. 그리고 바로 그 시기에 검열과 억제라는 과정이 형성된다. 검열과 억제는 타인에 대한 무의식적 욕망이 타인에 대한 의식적 욕구로 변하고, 그 욕구를 채워줄 대상을 발견했을 때 또는 타인에 대한 욕구의 결핍과 그로 인한 고통과 불안을 겪을 때 나타나는 것이다.

욕망은 인간만이 유일하게 가진 것으로 정의된다. 또한 욕망은 각 개인에게서 각기 다른 형태로 다른 특성을 띠며 나타난다. 욕망은 우리 존재의 동력이며, 인간은 욕망이 있기에 욕구로만 움직이는 동물과 구별된다.

또한 욕망은 인간의 요구를 결정한다. 개인이 타인에게 부여하는 요구들에는 욕망이 담겨 있다. 그러므로 인간이 욕망하는 것은 대상 그 자체가 아니라, 다소 직접적으로든 상징적으로든 그 대상이 채울 수 있을 무의식적 욕망을 충족하는 것이라 할 수 있다.

개인이 그의 부모에게서 받은 교육이나 종교, 그가 자라면서 사회에서 받은 교육에 의해 조절된 초자아는 많은 무의식적 욕망을 억압한다. 이러한 무의식적 욕망을 억압하며 생긴 금기는 무의식적 욕망이 정신에 일으키는 충동을 배가시키기에, 인간은 욕망을 억압했던 이 금기에 매혹된다. 인간은 단 하나의 도구, 즉 언어로 욕망을 표현하며, 그 언어가 상징적일수록 표현은 더욱 강렬해진다. 이는 "욕망은 욕망의 주체를 지배하고, 언어는 그 욕망을 지배한다."라던

라캉(Jacques Lacan)의 말을 빌려 설명할 수 있다.

욕망의 실현과 완전한 충족을 가능하게 할 절대적 즐거움의 대상은 우리가 의식하지 못한 사이에 나타나기 때문에 결코 닿을 수 없다. 그러므로 욕망은 영원히 반복되는 불만족일 뿐이며, 인간은 끝없는 욕망과 채울 수 없는 결핍을 겪는다. 그리고 수많은 정신분석가들은 이 결핍의 본질이, 어머니와 감정적으로 결합했을 때 느끼는 충만한 만족감을 되찾을 수 없다는 데 있다고 해석한다.

르네 지라르에 따르면, 욕망은 정해진 대상이 없기 때문에 본능적인 욕구들과 다르다. 또한 인간이 지닌 욕망의 다양성은 무한한데, 이는 욕망이 자아나 욕망의 대상에서 비롯되는 것이 아니라 욕망을 모방하게 할 뿐인 모델이나 매개체에서 기인한다는 데 그 이유가 있다. 이 모델은 제3자에 대한 모방(미메시스: mimesis)에도 적용된다. 이제 우리는 이 욕망이 어떻게 무로부터 무한한 '욕구들'을 만들어내는지 이해하기 위해 다음의 예들을 살펴보겠다. 가령 A가 원피스를 물끄러미 바라보면, B는 그 시선을 원피스에 대한 욕망의 표현으로 해석한다. 이후 B는 같은 욕망에 사로잡혀 원피스를 더 자세히 보거나 구입하기 위해 가까이 다가간다. 그 순간 A는 B의 욕망을 의식하고서는, 그저 바라만 보던 원피스에 관심을 보이기 시작한다. 원피스를 향한 B의 욕망이 A에게도 생겨나는 것이다.

이 현상은 감정 영역에서도 살펴볼 수 있다. 예컨대 D의 존경을 받는 C가 냉담한 눈길로 한 여성을 바라본다. 이어서 D가 관심과 욕정의 눈길로 그 여성을 관찰한다. 이를 알아차린 C가 다시 그 여성을 바라본다. 그리고 이제 그의 눈은 처음에는 보이지 않았던 욕망으로 가득 차 있다.

르네 지라르의 이 같은 접근 방식은 고독이라는 감정의 매커니즘을 이해하기 위해 매우 중요한 것이다. 왜냐하면 그의 방식이 적어도 고립과 고독, 소외감을 겪는 개인의 행동과 욕망, 기대, 욕구불만에 대한 분석 단계를 논하는 데 결정적인 열쇠가 되어주기 때문이다.

이제 신경과학의 발견들로 다시 돌아가 보자. 과학자들은 거울뉴런으로 인간의 뇌가 어떻게 연결되어 있는지 밝혀냈다. 그래서 인간의 모방이 신경학적으로 얼마나 중요한 것인지 증명했다. 심리학자 스콧 가렐(Scott Garrels)은 인간 행동의 발달이 근본적으로 거울 뉴런의 활동을 바탕으로 한 모방 원리에 기초한다고 했다. 이 거울 뉴런은 모방이 학습, 언어, 지식의 전달, 감정이입 등에서 얼마나 중요한 역할을 하는지 보여주었다.

예컨대 아기는 생후 몇 개월 만에 이미 타인이 자신과 같은 몸짓을 취할 수 있다는 사실을 경험을 통해 알게 된다. 그리고 오직 인간만이 자신과 같은 것을 느끼고 동일한 경험에 대해 반응할 수 있다는 사실을 매우 빨리 학습하게 된다. 그러면 그때부터 아기는 타인들과 거울 게임을 하기 시작하는 것이다. 사실 이것은 아기의 발달에 필수적인 상호의존이며, 어머니와 함께 거울 게임을 할 경우 이 상호의존은 현저하게 증가한다. 아델은 "어머니는 딸을 원하지 않았다. 딸들은 성미가 까다롭다고 여긴 것이다. 나는 단 한 번도 엄마에게 애정표현을 받아 본 적이 없다. 엄마는 항상 남자형제들을 돌보

느라 바빴으니까."라며 자신의 유년시절을 회상했다.

거울 뉴런들은 우리가 양지외의 말을 이해하는 데에도 도움을 준다. 결혼과 자녀의 여부와 무관하게 고독의 불행을 겪는 여성 환자들에 대해 양지외는 "나는 그녀들에게서 나쁜 어머니의 원상[11] 대신 아이의 감정과 기대, 애정 표현의 욕구에 차갑고 쌀쌀맞게 반응하며 이를 거부하고 냉정하게 구는 어머니의 원상을 확인했다. 정신과 의사이자 정신분석가인 앙드레 그린(André Green)이 말한 죽은 어머니가 아니라, 어머니에 의한 죽음, 즉 생명이 아닌 파멸을 야기하는 어머니 말이다."[12]라고 했다.

한편 나중에 발현될 수도 있을 정신병의 원인을 찾아내기 위해서는 모방의 과정을 알고 이해하는 일이 반드시 필요하다. 비록 그 원인을 찾아내는 과정에서, 무관심한 어머니와 있을 수밖에 없었던 기억이 되살아나 고독을 끔찍하고 파괴적인 것으로 왜곡해 받아들이며, 타인에게서 자신이 욕망하는 존재를 찾지 못하면 그 원인 때문에 평생 고통받고 괴로워한다 해도 말이다. 클레어는 "가족과 함께 있었던 때를 떠올려보면 항상 외로웠던 기억밖에 없다. 어머니는 집안일과 다른 가족들을 챙기기에 바빴다. 나는 결코 어머니와 함께 시간을 보내거나 제대로 대화를 나눈 적이 없다."라고 회상했다. 하

---

11 주체의 내부 상태와 역동에 따라서 다른 사람들에 대한 주관적인 이미지들이 생성된다는 사실을 강조하기 위해 이미지(image) 대신 사용되는 용어로 이마고(imago)라고도 한다—역주
12 Didier Anzieu, 《Anatomie de la solitude》, *Nouvelle revue de Psychanalyse: Être dans la solitude*, n° 36, Gallimard, 1987, p.125.

지만 그렇다고 어린아이들이 어머니나 할머니, 보모 대신 퍼비나 다마고치 같은 로봇을 무조건적으로 사용하게 두어서는 안 된다. 우리는 그러한 행동이 어떤 위험을 불러올지 알고 있다.

한편 신생아들의 상호주관적인 모방 가능성에 대해서는 프로이트나 피아제도 전혀 의심하지 않았다. 그리고 욕망의 메커니즘을 발견한 덕분에, 사라는 분석치료가 끝날 즈음 자신의 고립을 이해할 수 있었다. 그는 아주 어릴 적부터 어머니와 감정적으로 분리된 채 살아왔고, 고독 때문에 지독한 고통을 받으면서도 가장 외로운 순간이면 항상 스스로를 고립시켜왔다. 상담을 찾아 "관계 속에서 우리는 소통을 잘해야 한다. 그렇지 않은가? 그런데 소통을 잘하려면 무엇을 해야 하는가? 서로를 신뢰해야 하는가? 그렇다면 상호 신뢰를 위해서는 무엇을 해야 하는가?"라며 자신을 괴롭혀온 물음에 답을 찾고자 했던 크리스티앙도 결국 자신에게 부족했던 것이 무엇인지 알게 되었다.

요컨대 임상의들은 인류학적 연구와 우리 사회에 대한 일종의 정신분석을 통해 환자들에게서 한 발자국 물러설 수 있다. 그리고 그렇게 함으로써 고독을 심화시키는 반사적 반응과 행동들을 피해 그들이 고독에서 회복되는 데 필요한 도구들과 냉철함을 찾을 수 있도록 도울 수 있다. 고립이 언제나 고독의 요인은 아니라 해도, 고독은 사실상 거의 필연적으로 고립을 야기하기 때문이다. 신체적으로든 정신적으로든 말이다.

나는 임상의로서의 경험을 바탕으로 고독에 대한 연구를 다룰 것

이며, 이를 통해 고독으로 특히 고통받는 사람들에게 몇 가지 열쇠
를 제시하고자 한다. 이 책의 목적은 고독의 원인들을 규명하는 것
을 배우고, 본원적 결핍들을 지목하여 이해하고자 하는 것이며, 그
원인들을 극복하고 고독에 맞서는 법을 터득해 고독을 치유하거나
힘으로 승화시키고 고독의 본래의 가치를 회복하는 것이다.

5

좋은 고독,
나쁜 고독

결국 현대사회는 개인과 사회를 연결하던 기존의 모든 관계에는 개별성과 자주성을 부여하여 이를 무력화시키면서, 개인에게는 무리 안에서의 조화로운 소속과 분담을 성공모델이라고 주입시키는 역설 속으로 점점 파고들었다. 21세기를 살아가는 인간은 갈수록 개인주의적으로 변하고 있다. 동시에 SNS '친구들'처럼 자기 자신에 만족하며 '쿨'한 사람이 되고자 하며, 그들이 가진 것을 갖고 싶어하고 그들이 성공하듯 성공하고 싶어하는 모방욕망에 점점 사로잡힌 채 고립 속에서 다른 사람들의 눈에 띄어 위너(winner; 승자), 이를테면 리더(leader)로 인정받고 싶어 한다.

앞으로 언급할 고독은 내적 고립을 겪는 사람이 느끼는 고통을 아우른다. 아델린은 편지에서 세상과 사람들, 그리고 모든 행복의 잠재적 원천들과 분리된 것 같다는 느낌을 여실히 드러냈다. 고독의 어원은 고독의 감정을 매우 잘 나타낸다. '고독(solitude)'은 '텅 빈 곳'이라는 의미의 라틴어 'solitudo'에서 유래되었다.

그러므로 '고독한 사람(solitaire)'은 아무것도 없는 곳, 누구도 어떤 방문도 없으며 어떠한 생명도 싹트지 않는 텅 빈 곳에 있는 상태이다. 'solitudo'의 파생어로는 라틴어 'solus'가 있는데, 이는 또다시 프랑스어 '섬(île)'에서 파생한 단어 '고립된(isolé)'의 유래가 되었다. 결국 사람은 섬처럼 공백에 쌓여 있고, 대륙과 분리된 섬에 있는 것처럼 그 거리를 홀로 메꿀 수 없는 상태이다.

나로 살게 하는 고독, 행복을 파괴하는 고독

고독은 객관적이기도 주관적이기도 하다. 우리는 어떤 장소에 물리적으로 혼자 있으면서도 세상, 그리고 소중한 사람들과 이어져 있다고 느낄 수 있다. 그래서 사랑하는 사람들과 떨어져 있다는 데 조금의 불안도 없이 충만한 감정에 사로잡힐 수 있다.

반면 지인들과 가족, 친구들 또는 군중 속에서도 혼자라고 느낄 수 있다. 그리고 그 감정은 한 사람의 상실, 예컨대 실연이나 사별에서 비롯되기도 한다. 프랑스 시인이자 정치가였던 알퐁스 드 라마르틴(Alponse de Lamartine)은 "한 사람이 없을 뿐인데 모든 것이 텅 비었다."라고 말했다. 결국 상실의 대상은 우리의 온 정신을 휩쓸어 그가 아닌 다른 사람에 대한 모든 사유를 가로막는다. 그리고 그 상실의 대상은 살아있는 어느 누구보다 더 살아 숨 쉬며 어디에나 존재한다. 하지만 실제로 누군가 부재하는 경우가 아니어도 우리는 고통스러울 수 있다. 가령 모두가 자신에게 무관심하다고 느끼거나 스스로 타인과 소통할 의지가 없을 때 우리는 다른 사람들과 어떠한 관계도 맺을 수 없다는 감정에 짓눌려, 자기 자신 안에 갇힌 채 아슬아슬한 내적대화의 줄타기를 하며 다른 활동이나 다른 사람들에게 관심을 돌리지 못하게 된다.

정신분석가 도날드 위니콧(Donald D. Winnicott)의 말처럼, 고독의 고통이 반드시 고립으로 이어지는 것은 아니다. 고독은 쇼펜하우어가 주장했던 것처럼 재산으로 여겨질 수도 있다. 그러므로 임상심리학적 측면에서 고독은 양가성을 띤다고 할 수 있다. 혼자인 느낌, 말하자면 고통과도 같은 고독이 있는가 하면, 반대로 위니콧이 1958년부터 심리학 및 정신병리학적 차원에서 해석한 것처럼 혼자일 수 있는 능력으로서의 고독, 그리고 그 능력을 통해 성공적인 교육과 조화로운 성숙의 합목적성이 되는 고독이 있는 것이다.

이 해석은 고독이 곧 인간이 태어나면서부터 발현되는 성격과 성장의 본질적 요소라는 사실에서 비롯한다. 그래서 오늘날에는 자궁 내에서의 경험이 중요하다고 주장하는 연구자들도 있다. 고독이라는 감정은 유일하고 독자적인 자아를 구성하는 데 불가분의 요소이다. 또한 의존성과 자존성[1]에 대한 욕구, 융합에 대한 인간 본원의 향수와 분리를 향한 욕망 등 대인관계의 양가성을 보여주는 척도가 되기도 한다.

고독의 감정은 개인의 이자관계(dual relation), 즉 자기 자신과의 관계와 타인과의 관계를 전제로 한다. 이 관계는 지난 수십 년 사이 광범위하게 변했다. 실제로 30여 년 전만 해도 사람들은 정신병과 불안을 유발하는 사회의 무게와 가족의 속박, 그리고 자신의 개성과 다름을 인정받지 못하는 어려움에 불만을 품었다. 또한 사회는 규범과 윤리로 그들의 숨통을 조였다. 당시 사회는 거세 콤플렉스[2]를 야기하는 아버지와 닮아 있었고 개인의 자주성을 박탈하는 방식으로 굴러갔다.

개인주의, 누구도 모방하지 않고 나 자신이 되어야 한다는 것

프랑스 68혁명(5월 혁명)은 프랑스 사회 전반을 뒤흔들었다. 이후 이것은 미국의 자유주의적 개인주의 모델이 정착하는 배경이 되었고, 우리는 이 모델 덕분에 사회경제학의 결정론(determinism)[3]과 관계없

---

1 자기 존재의 절대적인 독립성–역주
2 정신분석 이론의 심리성적 발달 단계의 남근기에 발생하는 것으로, 아동이 자신의 생식기를 부모에 의해 잃어버릴지 모른다는 불안을 느끼는 것–역주
3 determinism; 인간의 행위를 포함하여 이 세상에서 일어나는 모든 일은 우연이나 선택의 자유에 의하여 일어나는 것이 아니라, 일정한 인과관계의 법칙에 따라 결정된다는 이론–역주

이 자신에게 가장 맞는 일을 해볼 수 있게 되었다. 한편 68혁명은 개인이 사회로부터 강요받지 않을 수 있는 자유를 누리고 자주성과 행복에 대한 권리를 지닐 수 있게 하는 자연법의 비중을 매우 증진시켰다. 이러한 관점은 대부분의 개인이 자신은 당연히 행복할 권리가 있고 다른 또래들처럼 살 권리가 있다는 점을 인식하게 했다.

개인의 자유를 향한 조직적 요구와 모든 강압적 권위에 대한 항의는 전통적인 계급제도를 없애기에 충분했다. 이는 철저한 평등주의에 힘입어 확대되었고, 최근에는 SNS를 통해 가중되었다. 그래서 이제 모든 개인이 하는 말은, 비록 논쟁의 소지가 있어도, 모두 동등한 무게와 가치를 지니게 되었다. 이로써 아버지와 선생님, 판사나 신부의 말이 곧 권위였던 고전 모델의 시대는 종말을 고했다.

한편 거의 강박적으로 설파되는 평등주의도 있다. 그 이념에 사로잡힌 사람들은 주위 사람들이 좋은 것을 가지고 있다면 모두가 그것을 똑같이 누려야 한다고 느낀다. 하지만 이는 결국 사회분열을 초래했다. 이런 강박적 평등주의는 오히려 개인의 자유를 쇠퇴시킨다. 왜냐하면 개인은 마땅히 독자성을 띠며, 그런 의미에서 타인을 모방하지 않고 나 자신이 되어야 하기 때문이다. 그것이 오늘날 우리 사회모델이 68혁명 세대가 외친 자유를 해석하는 방식이자 현재 이 세대가 자유를 영위하고 있고 마땅히 영위해야 하는 방식이어야 한다.

그러나 이러한 긍정적 변화에도 늘 이면은 있다. 자신의 내면과 사회모델, 수많은 가치들과 개인의 선택을 그대로 이어나갈 수 있는 확고한 기준들이 없어짐으로써 느낄 수 있는 존재론적 고독이 바로 그것이다. 이는 아델린의 하소연에서도 명백히 드러났다. 아델린은 부모가 더 이상 여느 부모들처럼 자신을 대하지 않는다며, 그녀 역시 부모를 닮지 않고 그러한 가족모델에 융화되지 않으려고 부단히 애쓴다고 했다.

이러한 패러다임의 변화는 결정적으로 지난 반세기 동안 서구 사회에서 개인의 지위가 점점 더 중요해졌다는 사실에 기인한다. 이는 모든 사회학자들도 인정하는 바이다. 그리고 이 새로운 문화는 자녀 양육 방식에 대한 우리의 시각도 변화시켰다. 부모의 권위에 이의를 제기할 수 없다는 원칙을 바탕으로 가족이 형성되던 시대에서 프랑스 정신분석가 프랑수아즈 돌토의 이론은 크나큰 혁명이었다. 그는 아동을 성인과 완전히 동등한 인간으로 여겨야 하며 아동의 말도 성인의 말과 같은 가치를 지닌다고 말했다. 또한 아동의 욕망들이 모두 정당하다고 여겨, 자녀의 욕망들이 실현 가능하지 않다 할지라도 부모들은 반드시 이에 귀를 기울여야 한다고 했다.

68혁명 세대의 지지를 받은 프랑수아즈 돌토의 교육원칙들은 매우 큰 성공을 거두었지만, 그럼에도 불구하고 수많은 오해의 중심에 섰다. 예컨대 돌토의 원칙들을 잘못 적용한 사람들 중에는 아이들에게 넘어서는 안 되는 법의 경계와 타인을 존중하는 방법을 가르치는 데 소홀한 경우도 있었다. 돌토 시대에 중시되었던 자유방임과 관계의 느슨함, 자녀를 '길들이는' 엄격한 규칙들의 소멸은 당시 팽배해 있던 수많은 기정사실들을 무너뜨렸다. 형제자매와 가족 관계에서조차 자녀의 독자성을 부추겼고, 이는 자녀에게 고독이라는 거부할 수 없는 감정을 안겨주었다.

게다가 기술혁명은 이 역효과를 더욱 부추겼다. 돌토의 교육원칙은 아동의 고유한 세계와 자신이 부모에게서 독립적인 존재라는 사실을 인지하게 했지만, 그러한 사실이 오늘날 아동에게 일종의 벙커가 되었다는 점 또한 인정해야 한다. 평등한 대화를 통해 다져진 부모에 대한 애착이 오히려 자녀의 자유를 침해하는 결과를 낳고, 자녀의 여가를 상당 부분 제어하고 있다는 것 또한 인정해야 한다. 이는 지난 수년간 나타났던 안전에 대한 공포 때문에, 자녀 홀로 '바깥세상'을 탐험하는 것을 막고 인터넷상에서 더는 자유로운 공간을 찾지 못하게 억압할 수밖에 없는 부모의 행동을 야기하게도 했다.

영국에서 시행된 한 연구에 따르면, 11~14세의 아이들이 혼자 자전거를 타고 친구 집에 가는 것을 허락받지 못했을 때, 대부분이 하교 후 자신의 방에서 혼자 시간을 보낸 것으로 나타났다. 그리고 그들 중 60%는 자기 방에 TV가 있었고, 80%는 방에 인터넷이 가능한 컴퓨터가 있었다! 이에 더해 오늘날 아이들이 친구들과 놀러 나가는 대신 TV 앞에서 평균 2시간 15분을 보낸다는 사실도 밝혀졌다.

오늘날 대부분의 아이들은 여덟 살이 되면 휴대폰을 선물 받는다. 그래서 부모들은 언제나 자녀와 연락할 수 있고 자녀의 위치나 교우관계도 파악할 수 있다고 여긴다. 하지만 그들이 안전장치처럼 느끼고 있는 휴대폰이 고립을 이끄는 또 하나의 도구라는 사실이 최근 밝혀졌다. 실제로 갈수록 많은 청소년들이 전화나 면대면 대화, 자신의 목소리를 통해 친구들과 소통하기보다, 문자나 트윗, 이메일을 사용한 대화를 우선시하고 있다. 이렇게 그들은 날이 갈수록 '다른 사람들 틈에서 혼자가 되어가고 있는 것이다.' 이는 심리학 박사 세바스티앙 뒤퐁(Sébastien Dupont)이 아동과 청소년의 고독에 대한 자신의 연구에서 강조했던 바이기도 하다. 그들은 이제 부모, 형제자매가 있는 자기 집에서도 각자의 방에 틀어박힌 채 고독을 겪고, 친구들과 멀리 떨어진 채 소통을 하면서 정서적으로 '먼 가까움'을 경험한다. 이렇듯 그들의 상황은 가히 역설적이다.

또 다른 역설도 있다. 인터넷상에서 청소년들은 자신이 무엇을 하고 어디에 있는지 세세하게 노출하고 이야기하며 사생활의 영역을 끊임없이 좁혀가고 있다. 자신의 삶에서 가장 사적인 공간인 방을 웹캠을 통해 보여주는 등 타인들에게 사적인 공간을 열어놓으면서 사생활의 경계를 줄여나가는 것이다.

더욱이 부모의 고립을 보고 자란 아이들은 대체로 자신의 고립도 자연스럽게 받아들인다. 그중 거의 대부분이 편부모 가정에서 자라는 경우이다. 편부모 가정의 아버지나 어머니는 68혁명 사회가 규정한 것처럼 자주성을 지니고 무리에서 독립적으로 생활한다. 그리고 그 무리란, 각 구성원들이 위계질서 속에서 각자의 자리와 역할을 지니고 일련의 상호의존성을 보장했던 가족을 의미한다. 이러한 형태의 가족 안에서 아동은 실재하거나 상징적인 타인들의 개입 속에 살았고, 형제자매와 혈통 그리고 앞선 세대들의 가족신화[4]와 그 세대들이 전가한 종교적 가치들과 믿음 속에서 자기 자리를 찾았다.

그러나 아동의 개인화는 가족의 탈제도화에 기여했다. 가족의 탈제도화는 프랑스 사학자 마르셀 고셰(Marcel Gauchet)가 2007년 브뤼셀에서 강연했던 〈삶으로의 불가능한 진입(L'impossible entrée dans la vie)〉에서 이론화한 바 있다.

오늘날 우리는 '분열된' 부모를 마주하는 아동을 심심찮게 볼 수 있다. 여기서 부모의 분열은 별거로 인한 사실상의 분리일 수 있고, 삶과 교육방식의 차이일 수도 있으며, 부모들이 자녀의 선생님들과 분열하는 경우도 종종 있다. 부모의 분열은 그들 권위의 정당성을 상실케 한다. 그리고 이는 교육방식과 교과과정이 아동의 자율성 추구를 보편적 철학으로 삼는 경우에 더욱 그렇다.

앞서 언급했듯이 사회는 갈수록 아이들에게 어른처럼 행동하거나 적어도 어른들의 행동을 모방하라고 요구한다. 그리고 아이들에게 주체적으로 발언하고 자기만의 관점을 표현하라고 권유한다. 사회는 모든 것, 심지어 과거 아이들에게 피해왔던 주제들에 대해서도 아이들의 의견을 들으려 한다. 그리고 아이들이 부모의 감정이나 의견에 따르지 말고 주체적으로 자신의 의견을 말하고 감정을 표현하기를 요구한다. 나아가 아이들의 개인화를 부추기고 아이들이 어린 시절 경험한 조건 없는 공생관계를 버릴 것을 강요한다. 사회학자 데이비드 리스먼(David Riesman)의 말처럼, 결국 아이들은 '외로운 군

---

4 사실이나 역사의 화곡에 기초하여 가족 구성원들이 공유하는 일단의 신념을 말하는 가족치료 용어로, 가족 구성원이 상호작용하는 방식에 영향을 주고 가족의 일체감과 안정성을 보장하는 가족규칙을 강화하는 데 기여한다—역주

중 속에서 스스로 외로운 존재'가 되는 것이다.

　오늘날 학교도 아동을 사회의 굴레에 편입시키는 데 실패했다는 것을 자인하고 있다. 동시에 아동에게 사회의 일원임을 인식시키고 사회란 그 규칙들이 마음에 들지 않는다 하여 언제든 벗어날 수 있는 곳이 아니라는 점을 가르치는 데 실패했다는 사실도 인정한다. 결국 아동은 그의 행동이 야기하는 역설은 헤아리지 못한 채, 다른 사람들에게 자신의 독자성을 보여줄 준비도 되어 있지 않으면서 자신들을 분명하게 인정해주기를 기다린다. 바로 여기서 우울과 외로움이 생겨나며, 오늘날 갈수록 많은 청소년이 이러한 감정들로 고통을 호소하고 있다. 부모들이 친구도 없이 의기소침하게 혼자 있을 '어린 자녀'를 걱정해 나에게 자녀의 상담을 맡기는 경우도 늘고 있다. 만족스러운 관계들을 맺는 데 겪는 어려움을 해결하기 위해서는 종종 수년에 걸친 치료가 필요하기도 하다. 그리고 불행히도 이 어려움은 상업 수단으로 이용되기도 했다. 앞서 언급한 온라인 데이트 사이트들이 그 예다. 사람들은 온라인 데이트가 야기하는 환멸과 실망에도 불구하고 아무렇지 않게 이러한 사이트들을 이용하고 있는데, 이는 인간 심연의 고독을 깰 만남을 모색하기보다는 만남과 즉흥적인 즐거움을 증대하는 데 목적이 있다.

　우리는 학업이나 구직을 이유로, 또는 자신의 사회문화적 지위에 걸맞은 환경을 찾겠다는 미명하에 갈수록 광범위하고 '점점 더 불가피하게' 이사를 하고 있으며, 이러한 현상은 관계 형성의 어려움을 심화시켰다. 그리고 우리는 공적 시민으로서의 삶과 정치적인

생활에서 자유로워진 동시에, 같은 시간과 감정을 나누며 가족과 친구, 지인들을 만날 수 있는 종교 활동에서도 멀어졌다. 또한 성공과 개인의 야망을 우선시하는 문화는, 사내연애 중이거나 가정을 이룬 사람보다 혼자인 사람이 피도 눈물도 없는 노동시장에서 더 인정받기 쉽다는 생각을 퍼뜨렸다. 가족이나 자녀들을 책임질 필요가 없는 경제적 독립에 대한 유혹도 혼자 사는 인생을 선택하는 데 한몫했다. 사회학자 에릭 클라이넌 버그는 "사회적·직업적으로 더 높이 올라가고자 하는 새로운 세대에게 결혼은 무슨 일이 있어도 피해야 하는 것이다. 그중 특히 여성들에게는 35세, 아니 40세 이전 출산과 육아란 더욱 피해야 하는 것이다."라고 말했다.

관계에 초연한척하지만 인간은 혼자를 견디지 못한다

인간은 갈수록 독립적으로 변하고 타인과의 관계들에 초연해지고 있다. 그럼에도 불구하고 아리스토텔레스의 말처럼 인간은 여전히 사회적 동물이고, 그래서 고독을 견디지 못한다. "타자가 없는 인간은 인간성을 잃고 본연의 본성을 거세당한 존재"라는 말도 있다.

현대 서구 사회들은 이를 가장 명백하게 입증하고 있다. 우리가 이 사회에서 가장 기본적인 욕구들을 충족하고 더 이상 부족함을 느끼지 못한다 해도, 사회는 결코 우리에게 가장 중요한 핵심, 즉 타인과의 조화로운 관계와 그것이 만들어내는 마법 같은 감정을 거저

주지 않는다. 예컨대 한창 창작의 열기에 휩싸인 예술가들이나 사랑에 빠진 연인들이 느끼는 마술과도 같은 충만한 감정 말이다.

더욱이 우리에게 내재된 타인에 대한 욕구가 단순히 사람들과 가까이 지낸다고 해서 채워지는 것이 아니라는 점도 분명하다. 만약 그랬다면, 외딴 시골이나 사람이 거의 살지 않는 지역에 사는 사람들만이 그 욕구로 인한 결핍을 느낄 것이고, 반대로 도시 사람들은 고독이라는 단어의 의미조차 모를 테니 말이다. 가장 흔하게 볼 수 있는 단체생활의 경험들만으로도 우리는 수많은 사람들 틈에서 외로울 수 있다는 사실을 충분히 알 수 있다. 과연 이해받지 못한다고 느끼는 것, 더욱이 가까운 사람이 자신을 이해하지 못한다고 느끼는 것보다 더 끔찍한 경험이 있을까?

결국 현대사회는 개인과 사회를 연결하던 기존의 모든 관계에는 개별성과 자주성을 부여하여 이를 무력화시키면서, 개인에게는 무리 안에서의 조화로운 소속과 분담을 성공모델이라고 주입시키는 역설 속으로 점점 파고들었다. 21세기를 살아가는 인간은 갈수록 개인주의적으로 변하고 있다. 동시에 SNS '친구들'처럼 자기 자신에 만족하며 '쿨'한 사람이 되고자 하며, 그들이 가진 것을 갖고 싶어하고 그들이 성공하듯 성공하고 싶어하는 모방욕망에 점점 사로잡힌 채 고립 속에서 다른 사람들의 눈에 띄어 위너(winner; 승자), 이를테면 리더(leader)로 인정받고 싶어 한다.

이제 친구들에게 얼마만큼 인정받느냐는 것이 곧 사회가 제시하는 성공의 척도가 되었다. 이는 점점 확산되는 SNS 팔로워 법칙을 보면 알 수 있다. 현재 팔로워는 시장성이 있는 자원쯤으로 여겨지고 있다. 그래서 수백 명의 젊은 여성들은 패션 블로그를 개설해 조언을 하고 자신의 룩을 과감히 선보이며 유명인사와 어깨를 나란히 하거나 핫플레이스와 트렌디한 행사에 방문하는 것이다. 이들에게 성공은 인터넷상, 특히 인스타그램의 팔로워 숫자로 측정된다. 여기서 주목받는 여성들은 여러 패션 브랜드나 샴페인 · 자동차 브랜드 등과 계약을 맺으며, 르네 지라르가 이론화했던 '모방경쟁의 원리'에 따라 수백만 명의 여성들의 부러움을 산다. 예일 대학교는 이 패셔니스타들 중 최고라고 손꼽히는 키아라 페라그니(Chiara Ferragni)에 대해 연구하겠다고 결정하기도 했다. 그녀는 28세의 나이에 560만 명에 육박하는 여성 추종자들을 거느린 유명인사이다.

한편 오늘날 점점 더 많은 기업들이 사원들에게 수많은 SNS에 가입하도록 요구하고 있다. 또한 인사과장은 후보자들의 팔로워 수를 그들의 강점이라 여기며 SNS를 방문해 이를 세어보기도 한다. 이렇게 우리 사회는 개인이 무리에서 분리되지 못하게 끝없는 압력을 가하고 있다. 그리고 여기서 우리는 현대사회의 또 다른 역설과 마주하게 된다. 바로 사람은 사랑받고 싶기 때문이 아니라 인정받고 싶기 때문에 외로우며, 이 때문에 우리는 스스로 성공에 대한 검열을 하고 어떤 변화 '속에서'도 항상 젊고 웃는 얼굴을 유지하려고 노력하게 된다는 것이다.

6

속마음은 애정을 갈구하면서
왜 혼자이고 싶어 할까?

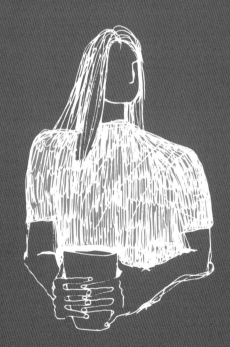

프랑스를 비롯한 유럽의 여러 나라에서는 나이를 불문하고 이 가혹한 고독의 상황에 휩싸일까 봐 두려워하는 사람들이 적지 않다. 그리고 오직 익명으로만 자신의 고독한 상황을 고백할 수 있을 것이라 생각하여 익명의 힘을 빌려서만 자신의 심리적 붕괴를 용감하게 시인한다. 고독한 삶의 위험성은 언제까지나 실재하고 부정할 수 없는 것이 된다. 특히 개인적인 시련을 겪을 때면 그 위험성은 더욱 두드러진다. 피할 수 없는 운명의 시련에 가상 세계의 성벽까지 무너져 갈 곳을 잃은 고독한 사람은 불현듯 모두에게 버림받고 세상에서 배척되어 자신이 세상과 동떨어져 있다고 느낀다.

현대적인 형태의 고독을 이해하는 일은 보기보다 훨씬 더 복잡하고 전문적인 일이다. 나는 임상의로서의 경험을 통해 고독이 단지 표면적 요인들로 인한 현상이 아니며, 고독한 사람들에게 보편적인 고독의 도식들이 있기는 하지만 그것이 개인에게 모두 다른 형태로 나타난다는 사실을 주장할 수 있게 되었다. 그 형태가 다양한 만큼, 고독은 여러 수준에서 고려해야 하는 것이다. 고독은 일차원적인 현상이 아니다. 고독은 다각도로 연구해야 하는 현상이며, 수많은 요인들을 내포하기 때문에 현대사회의 변화라는 단 한 가지 주요한 사실에서 그 원인을 찾을 수 없다. 더욱이 고독은 분석이 필요한 근본적인 심리 도식들에 답을 제시하기도 한다.

고독을 이해하기 위해서는 우선 고립과 고독의 개념을 구별할 필요가 있다. 두 단어는 각각 다른 의미를 지닌다. 고립은 단연 구체적인 개념이며, 여러 가지 방법으로 측정될 수 있다. 예컨대 우리는 인구 저밀도 지역에서 주민 간 평균 거리로 고립을 측정할 수 있을 뿐만 아니라, 노인들이 타인과 접촉하는 빈도가 매우 낮은 점을 들어 고립을 측정하고 종종 이를 안타깝게 여길 수도 있다. 그러나 고립이 항상 고독의 감정을 야기하는 것은 아니다. 혹자는 고립을 높이 평가하며 추구하기도 한다.

반면 고독은 그 본질이 관찰 가능한 현상들과 다른 것처럼 보인다. 실제로 고독은 개인에게 완전히 내재된 것이라 측정하기 훨씬 어려우며, 감정의 차원인 탓에 당연히 주관적이다. 그러므로 이 현상을 연구하는 데에는 심리학이 제격일 듯하다. 그러나 심리치료전문의로서의 나의 경험을 떠올려보면, 내담자들이 치료 과정에 아무리 깊이 있고 진정성 있게 참여해도 개인의 고독의 깊이를 감지하기란 쉬운 일이 아니었다. 나는 바로 그 점을 이 책의 도입부에서 환기한 바 있다. 앞서 언급한 것처럼, 고독은 주관적이라 개인의 성격에 따라 상대적이다. 가령 자신의 고독을 솔직하게 표현하는 사람들도 있겠지만, 억지로 고독의 위세를 깎아내리며 고독한 현실을 그저 참아내는 사람들도 있을 것이다. 이러한 점에서 보았을 때, 단언컨대 고독은 나의 내담자들의 잦은 걱정거리이며 특히 영재들에게서 두드러지게 나타나는 것이다.

준비되지 않은 고독의 유혹

고독의 감정을 표현하는 방법과 고독의 경험은 개인에 따라 천차만별이라 이를 일반화하고 '고독한 사람'의 초상을 그리기란 쉽지 않다. 하지만 그중에는 고독이라는 불행을 부분적으로만 이해하는 사람이 허다하다. 가령 그들은 불행의 숲을 가로지르며 그 원인들을 찾다가 길을 잃기도 하고, 자신의 감정을 심리학 서적에서 '유행하는' 중증의 병들과 종종 혼동하기도 하는 것이다.

　이러한 혼란은 특히 젊은 세대들에게서 두드러진다. 그들은 혼자 사는 인생이, 자기 인생을 효율적으로 관리하는 표식이자 확실한 독립, 자신이 전적으로 책임을 지는 독립이라 여긴다. 물론 그 생각이

30대까지 이어지는 경우도 있다. 더욱이 사회는 "우리는 혼자일 때 더 발전한다."라는 억견을 제시하며 혼자인 사람들에게 그 생각을 적극 심어주고 있다. 뿐만 아니라 일상의 수많은 시스템(어린이집, 세탁소, 배달 등)을 만들어 사람들의 일을 대신 해줌으로써 그들에게 일종의 자유를 선사하고 있다. 실제로 사회는 그들이 자기 자신에게만 집중된 내적 생활을 영위하고 모든 영역에서 자신의 경쟁력과 직업적인 성공에 초점을 맞추고 살도록 장려한다.

대부분의 젊은 내담자들은 나에게 자기 인생이 얼마나 합리적인지 설명한 후 역설적이게도, 깊은 공허감과 견딜 수 없는 혼란을 느낀다고 고백한다. 그들은 불행의 원인을 자기 인생과는 전혀 상관없는 외부 요인들에서 찾는다. 이를테면 친구들 집에서 저녁식사를 하는 것이 갈수록 어려워진다거나, 영화관이나 극장을 가는 대신 넷플릭스, 케이블 TV 같이 개인 소유화된 영상물을 보는 일이 점점 더 증가하는 현상 등을 예로 들며 수많은 사회적 유대관계들이 쇠퇴하는 현상을 안타깝게 여기는 것이다. 그러면서도 그들은 공허감에 잠기고, 그 감정이 불안으로 고통받는 느낌 같다고 고백한다.

더욱이 이 젊은 내담자들은 자신의 삶의 방식이 그 원인이라는 것을 받아들이지 못한다. 왜냐하면 그들은 자신이 놓쳐버린 사회성 발달의 기회들을 인터넷상에서 충분히 보완할 수 있다고 믿기 때문이다. 또한 불안정하고 때로는 완전히 가상적인 디지털 관계들로는 붕괴되는 현실 관계들을 일시적으로도 대처할 수 없다는 사실을 깨닫는 데 오랜 시간이 걸리기 때문이다. 그들은 지루함을 호소하기도 하며, 아주 종종 그 감정을 고독감과 연결시킨다. 그런데도 그 원인이 인터넷에서 소통하는 자신의 방식에 있다고는 절대 생각하지 않고, 오히려 온라인에서 맺은 관계들의 위험성은 간과한 채 인맥의 대부분을 자신과 무관한 사람들로 채우기에 이른다. 현실세계에서 관계를 맺을 때면 열린 마음으로 각기 다른 다양한 사람들에 맞추며 다가가야 하지만, 인터넷상에서는 누구를 선택하든 그에게 맞출 필요가 없다. 사람들은 사회의 집단주의적 경향에 쉽게 빠져 인맥을 쌓는데, 바로 여기서 반복과 단조로움, 지루함, 공허감, 헛됨, 권태라는 느낌이 생겨나는 것이다. 사회학자 리처드 세넷(Richard Sennett)[1]은 "우리 현대사회에 이례적인 인간 유형이 나타나고 있다. 바로 복잡하고 까다로운 사회활동에 참여하기보다 자기 세계에 빠지는 편을 선호하는 인간이다."라고 주장하기도 했다.

네이슨 헬러(Nathan Heller) 기자는 2012년 4월 16일자 〈뉴요커(The New Yorker)〉지 기사[2]에서 제프 렉스데일(Jeff Ragsdale)의 이야기를 언급하며, 절대 잠들지 않는 도시이자 젊은 '위너들'에게 주목받는 도시 맨해튼의 중심에서 그가 고독이라는 보편적 감정을 어떤 방식으로 드러냈는지 기술했다. 실연을 겪은 후 외로움에 숨이 막힐 지경이었던 제프 렉스데일은 자신의 전화번호가 적힌 포스터를 맨해튼

---

[1] Richard Sennett, *Together, The Rituals, Pleasures and Politics of Cooperation*, Yale University Press, 2012.

[2] 바티스트 투브레(Baptiste Touverey)가 프랑스어로 번역한 기사가 〈북스〉지 2012년 10월호에 실렸다.

거리 곳곳에 붙였다. 그 포스터에는 "뭐라도 말하고 싶은 사람은 전화 주세요. 무슨 말이라도 상관없습니다."라고 적혀 있었다. 몇 시간 후 그는 100통이 넘는 전화와 문자를 받았다. 이후 익명의 사람이 이 포스터를 소셜 사이트 래딧(Reddit.com)에 게시했다. 그리고 제프 렉스데일은 매일 700통의 전화와 1,000통의 문자를 받게 되었다. 이를 흥미롭게 여긴 기자 두 명은 그 메시지들을 수집해 책[3]을 발간하기도 했다.

그 모든 메시지를 관통하는 인상은 단연코 고독과 우울, 그리고 때로는 절망이었다. 이를테면 "나는 우울부 장관이다", "나는 엄청나게 충격적인 단절을 겪었다. 지금은 금융계에서 일하고 싶다", "아빠는 엄마와 언니, 나에게 폭력을 휘둘렀다. 그리고 결국 감옥에 갔다. 아빠는 페이스북을 통해 나에게 연락을 시도했지만 나는 대꾸하지 않았다. 열일곱 살 때는 수면제를 먹고 자살을 시도해 구급차가 오기도 했다", "나는 외상치료센터에서 일했다. 그리고 거기서 인간성에 대한 믿음을 잃었다. 매일 밤 맥주 열두 캔을 마셨다. 그러다 어느 날은 센터를 찾은 한 노숙자의 모습에 주저앉고 말았다. 이가 바글바글한 자신의 레게머리에 알코올을 뿌리고 성냥불을 붙였던 것이다. 그래서……."와 같은 메시지들이었다.

프랑스를 비롯한 유럽의 여러 나라에서는 나이를 불문하고 이 가혹한 고독의 상황에 휩싸일까 봐 두려워하는 사람들이 적지 않다.

---

3 Jeff Ragsdale, *One Lonely Guy*, Amazon Publishing, 2012.

그리고 오직 익명으로만 자신의 고독한 상황을 고백할 수 있을 것이라 생각하여 익명의 힘을 빌려서만 자신의 심리적 붕괴를 용감하게 시인한다. 담뱃갑 경고 문구처럼 공중보건 측면의 고발이 없다면, 고독한 삶의 위험성은 언제까지나 실재하고 부정할 수 없는 것이 된다.

특히 개인적인 시련을 겪을 때면 그 위험성은 더욱 두드러진다. 피할 수 없는 운명의 시련에 가상 세계의 성벽까지 무너져 갈 곳을 잃은 고독한 사람은 불현듯 모두에게 버림받고 세상에서 배척되어 자신이 세상과 동떨어져 있다고 느낀다. 분명 아델린의 경우도 그랬다. 그녀는 과거의 삶을 완전히 포기하고 집으로 돌아온 후 삶의 중심을 다시 잡지 못해 시련을 겪으며, 프랑스에서 인생을 재건하는 데 실패한 것을 세상과 다시 연결되는 데 실패한 것으로 느끼고 있었다. 그리고 현대인과 인터넷 사용자들이 성공 그 자체라 여기는 가족으로부터 독립된 삶을 살아가는 데 실패했다고 느끼고 있었다. 그래서 결국 아델린은 자신의 고독을 재앙처럼 생각하게 되었다. 아니나 다를까, 나의 내담자들 역시 이 고독의 '저주'에 대해 이야기하고 있다.

고독 테스트

"고독을 병으로 보아야 하냐!"는 내담자의 불평은 여러 면에서 치료사를 기운 빠지게 만든다. 이별, 죽음, 정체성 위기, 실업 등의 혹독한 고독의 순간들이 인생에서 필연적인 과정이라는 점은 모든 사람들이 인정하는 사실이다. 그러니 이제 고독을 고쳐야 하는 병이자 지속적으로 발현되는 질환이라고 해야 하지 않을까?

그렇다면 고독에 빠진 사람은 환자일까? 고독을 '병리화'하고 싶은 생각은 전혀 없다. 하지만 고독이 정신질환을 키울 수 있다는 점은 강조할 필요가 있다. 리처드 부스(Richard Booth)가 자신이 쓴 기사 〈정신질환 요소로서의 고독(Loneliness as a component of psychiatric disorders)〉에서 밝힌 것처럼, 고독과 정신질환들을 혼동하지 않도록 유의하며 그 둘 사이에 존재하는 연관성들을 밝혀내는 것이 중요하다. 사실 고독과 우울 사이에는 수많은 특성들이 복잡하게 뒤얽혀 있다. 그래서 고독은 우울과 혼동되거나 우울에 가려질 수도 있다.

어쨌든 우리는 이루 말할 수 없는 그 고통에 당황하여 균형을 잃고 삶의 방향을 상실할 수도 있다는 사실을 분명하게 이해해야 한다. 그렇다, 고독은 때로 너무나 강렬하고 끔찍한 경험이라 고독에 빠진 사람은 거의 다른 생각을 할 수 없고, 이후 그의 삶은 극도로 교란되어 '정상적인' 삶이 불가능해지기도 한다. 하지만 고독으로 가장 혹독한 경험을 겪는 사람들에게 그것이 절망적인 진짜 이유는 어떠한 정신적·정서적 보상이나 구원으로도 그 불안 상태를 치료할 수 없다는 데 있다. 그러므로 개인의 마음 전반에 영향을 미치지만 어떠한 해결책도 없는 것처럼 보이는 극심한 고통의 상태를 자각하는 일이 무엇보다 중요하다.

아델린의 표현처럼, 갑자기, 그리고 어떠한 설명도 없이, 자신이 속해 있다고 느꼈던 공동체에서 소외되고, 마치 더는 누구와 어떠한 관계도 없는 것처럼 모든 것이 그렇게 흘러간다. 그렇게 세상과 자기 정체성에서조차 분리된 채 우리가 스스로 선택하고 만들어놓은 인격조차 멀어지는 것처럼 느끼게 된다. 더는 어디에도 속하지 않는다는 느낌, 그것은 어쩌면 우리가 겪을 수 있는 가장 불합리한 경험일 것이다. 다시 말하면 추방의 양상을 띤다고도 할 수 있다. 그 추방을 경험한 사람들 중에는 자기 인생과 친지들, 자기 뿌리를 뒤로한 채 완전히 낯선 도시나 나라로 떠밀리는 경우도 있다. 고독이 정신현상에 미치는 효과도 이와 마찬가지다. 그래서 가령 가깝고 친숙했던 모든 것들이 위기 상황에서는 갑자기 낯설어지는 것이다.

나는 혼자라는 사실이 '혼자라고 느껴진다'라는 의미가 아니라는 점을 강조하고 싶다. 프랑스어로 '고독'이라는 단어는 구체적인 상황을 뜻하는 동시에 주관적인 감정을 뜻하기도 하므로, 혼자라는 사실과 혼자라고 느껴지는 감정은 더욱 더 구별할 필요가 있다. 1970년대와 80년대에는 고독감을 유발할 가능성이 가장 높은 요인들이 무엇인지 밝히려는 시도가 있었다. 그리고 그 결론은 놀라웠다. 바로 객관적으로 봤을 때 주위에 얼마나 많은 대인관계를 맺고 있든 고독은 이와 상관없다는 것이었다. 자신에 대해 무의식적으로 '혼자'라고 묘사한 사람들 중 많은 이들은 수적으로 충분한 관계들을 유지하고 있음에도 그 관계들에 만족하지 못하고 실망하기까지 한다고 말한다.

동시에 어떤 사람들은 혼자인 상황을 즐기며 때로는 대부분의 시간을 홀로 보내기도 한다. 그리고 고독의 시간 동안 특히 생산성과 창의성을 발휘하기도 한다. 이는 실제로 고독한 기질의 사람들에게 나타나는 경우이다. 그들은 혼자이면서도 결핍이나 공백을 느끼지 않는다. 한편 고독의 다양한 성질들의 요인들과 고독을 느끼는 여러 가지 방식들이 최근 연구를 통해 밝혀지고 있다. 유전적 특성, 외향적이거나 내향적인 기질 등이 바로 그 예다. 프랑스 소설가이자 정신분석가인 미셸 슈나이더(Michel Schneider)는 피아니스트 글렌 굴드(Glenn Gould)를 묘사하면서, 그가 우리 눈에 꽤 낯설어 보이는 완전한 고립을 매우 열렬히 갈망한다고 강조했다.[4] 글렌 굴드는 피아니스트로서 가장 정점에 있을 때 은퇴를 결심했다. 그때 그의 나이는 불과 32세였다. 물론 이는 엄밀한 의미에서의 고독, 흔히 말하는 그런 고독이 아니다. 사실 그는 음악과 끊임없이 대화하는 창조적인 삶을 살며 자기 예술과의 관계를 충만히 누리기 위해 스스로 고립을 선택했다. 그는 미셸 슈나이더와의 인터뷰에서 은퇴에 대한 질문에 다음과 같이 답했다. "기억하건대 나는 항상 거의 대부분의 시간을 혼자 보냈다. 그건 내가 비사교적이어서가 아니다. 예술가가 창조적인 작업을 위해 머리를 쓰고자 한다면, 사회에서 한 발 물러서는 방법에 불과한, 이른바 자율규제라 부르는 것이 절대적으로 필요

---

4   Michel Schneider, 《Glenn Gould, piano solo》, *Nouvelle Revue de psychanalyse: Être dans la solitude*, n° 36, Gallimard, 1987.

하기 때문이다."

희한하게도 우리는 곁에 누군가 있거나 적어도 타인들이 가까이 있을 때도 종종 고독이 엄습해오는 것을 느낀다. 그리고 이 점은 고독의 가장 흥미로운 역설임이 분명하다. 우리는 각자 고독 테스트로 스스로에게 질문을 던져보며 이 역설을 확인할 수도 있다('어느 상황에서 더 외롭다고 느끼는가? - 시골에서 혼자 산책할 때 / 파티에서 어느 누구도 당신과 함께하지 않고 말을 걸지 않으며 친밀한 관계의 표식인 미소를 지어주지 않을 때').

대부분의 사람은 후자일 때 더 외로움을 느낄 것이다.

고독은 인구 과잉 도시들에서 이와 같은 방식으로 수많은 사람을 덮친다. 그리고 우리 삶의 공간이 끝없는 혼란 속에서 위협받는 것처럼, 익명의 군중들 틈에 섞여 각자 자신 안으로 침잠하게 된다. 우리는 손님들로 가득 찬 카페테라스를 바라보며 만남의 욕망을 느끼고 상상력을 발휘하기도 한다. 우리는 모두 충만한 사회생활을 원하고, 타인의 경청과 인정, 타인과의 공유에 대한 욕구가 충족되는 삶을 꿈꾼다.

이러한 관계에 대한 기대나 욕망은, 주위 사람들도 자신과 같은 생각을 하고 있다고 여길 때 더욱 강해진다. 한편 우리는 남들과 비교하기 때문에 자신의 사회적 삶이 초라하다고 여기게 된다. 이는 할리우드 감상희극[5]을 관람하고서 자신의 부부생활에 아직은 욕망할 것이 남아 있다고 생각한 엉텔 여사의 경우도 마찬가지이다. 관계에 대한 기대는 사실 주변 환경에 따라 상대적이다. 이는 관계가 주변 환경의 '수요'에 따라 '공급'되기 때문이다. 따라서 개인의 '관계 자원'이 많다고 할지라도 기대에 못 미칠 수 있고, 적다고 할지라도 기대에 부합할 수 있는 것이다. SNS는 이러한 현상을 증폭시키는 경향이 있다. 최근 시행된 한 연구에 따르면, 페이스북 사용자들은 자신의 '친구들'이 매우 풍요롭고 분주하게 살아간다고 생각하는 반면, 자신의 삶은 지루하다고 여기는 경향이 있었다.

이처럼 고독이라는 주관적인 감정은 자기 자신과 타인들에 대한 시선과 밀접한 관련이 있다. 고독의 감정은 자신의 상황을 바라보는 스스로의 시각과 타인들이 자신에 대해 어떻게 판단할 거라고 생각하는 방식에 따라 달라진다. 그리고 이 상호작용 때문에 개인은 자신의 고독을 이해하는 데 종종 어려움을 느낀다.

한편, 어떤 사람들은 자신이 고독한 상태임을 부정하기도 하는데, 이는 그만큼 다른 사람들이 고독에 부정적 의미를 부여한다는 뜻이기도 하다. 그러나 스스로가 고독한 상태임을 부정하더라도 혼자인 사람이 느끼는 고통에는 분명 몇 가지 징후들이 있다. 그러므로 고통을 느끼는 자녀가 그 사실을 함구하려 하거나 그 고통이 무엇인지 명명하지 못한다 해도 부모는 그 징후들을 감지할 수 있어야 한다. 이를테면 과묵해지는 경향, 소외되는 데 의연히 대처하지 못할까 봐 두려워 파티나 여럿이 함께하는 식사 자리 등의 사교모임을

---

5 18세기 전반에 성행한 희극 양식으로, 인생의 가치 또는 도덕을 정적 기준으로 판단하는 경향에 입각하여 쓴 일련의 희극을 말한다 - 역주

피하려는 경향, 자신의 고독에 대해 객관적이고 합리적인 이유들을 찾으려는 경향 등을 예로 들 수 있다.

또한 무리에서 혼자 남겨지거나 대화에 참여하지 못하게 되는 데 불안감 또는 수치심을 느끼는 경우도 마찬가지다. 이 징후들은 수많은 그룹에 가입해 과도하게 많은 활동을 하거나, 학교나 회사에 대해 공격적이고 부정적인 태도로 나타나기도 한다. 또는 대마초 중독이나 알코올·신경안정제 중독으로 이어지기도 한다.

혼자 늙어가다

혹자들은 고독을 운명이 자신에게 내린 재앙이라 여기며, 자신을 고립시킨 그 고독에서 절대 헤어날 수 없으리라 생각하는 것 같다. 고립된 사람들 중 경제적으로 큰 수입이 없는 노인들을 살펴보자면, 그중에는 배우자의 사망으로 혼자 살아가야 하는 사람들이 포함되어 있다. 사회학자들은 이러한 남성과 여성에게 나타나는 엄청난 차이들을 발견했다. 예컨대 배우자와 사별한 남성들은 수년 내 사망할 확률이 현저하게 높다. 갑자기 혼자가 된 동시에 고립된 그들은 습관성 음주나 흡연과 같은 위험한 행동들을 일삼고, 심할 경우 자살에까지 이르는 경우도 있다. 왜냐하면 그들은 여성들보다 배우자의 죽음에 더욱 가혹한 정서적 트라우마를 겪기 때문이다. 요리, 살림, 청소 등이 통상 아내의 몫인 결혼 생활에 다소 의존해온 남성들은 배우자의 죽음을 극복하는 데 어려움을 느낀다. 반면 그 시련을 극복해낸 남성들은 배우자를 잃고 당황해하는 여성들보다 이후의 삶에 더 잘 적응해나간다.

최근의 조사에 따르면, 상당수의 여성이 과부 생활을 필연적으로 겪는 것으로 밝혀졌다. 또한 공공의학에서는 여성들을 대상으로 한 심리사회학적 연구들을 통해, 새로운 고립의 상황에서 여성들이 남성들보다 더 많이 고독감을 느낀다는 사실을 보여주었다. 이는 여성들의 경우, 배우자와 사별한 후 부부 중심으로 해오던 모든 집안일을 그만두게 되지만, 시간이 지나고 세월이 흘러 집안일로 다시 일상을 채우기 시작하면서 배우자의 빈자리를 느끼게 되기 때문이다. 설상가상으로 여성들은 해가 갈수록 전반적으로 더 우울해지고 있다. 배우자와 사별한 여성들은 여가 시간에 공허감을 느낀다고 토로하며 심리적으로 매우 약한 모습을 보이는데, 이 현상은 특히 65세 이상 여성들 중 겨우 30%만이 운전면허증을 소지하고 있는 지방이나 시골 지역에서 두드러진다.

더욱이 불과 얼마 전까지 홀아버지나 홀어머니를 모시던 딸들도 이제 직업전선에서 뛰고 있다. 그들은 직장을 찾기 위해 대도시로 이주해, 대개는 어머니에게 방 한 칸 내어주지 못할 만큼 작은 집에 살고 있다. 요컨대 혼자가 된 어머니나 아버지를 모시는 데 따르는 여러 제약들을 감수하기가 점점 더 어려워지는 상황인 것이다. 현대 사회는 노인들에게 더 많은 기회를 마련하고자 그들을 대상으로 시장을 형성했지만, 그마저도 최소한의 재력이 있는 노인들만 누리고 있는 실정이다. 예컨대 배우자가 준퇴직 상태[6]였다면, 특히 그중에서도 시골 지역의 미망인들 대부분은 도심 속 양로원에 들어가 사회문화적 접촉으로 활기를 되찾기란 거의 불가능하다. 그들의 초라한 수입으로는 여행이나 전시는커녕 공공기관이 광고하는 모든 경로우대 혜택도 그림의 떡일 뿐이다.

한편 노인들이 고립과 고독을 동시에 느끼는 경우에는 종종 정신건강이 악화되기까지 한다. 왜냐하면 이 연령의 사람들은 심리적으로 더욱 약하기 때문이다. 가령 배우자와 사별한 75세 남성들 중 42.5%가 우울 성향을 보인 데 반해, 배우자와 살고 있는 75세 남성들은 그 수치가 27.8%인 것으로 나타난다. 동일 연령 여성들에게서는 이 수치가 각각 55.9%와 36.7%이다. 결국 모든 조사는, 여성들이 남성들보다 더 우울하고 보통의 노인들[7]보다 미망인이 더 우울하다는 한 가지 결론에 도달한다.

---

6 퇴직하지 않고 적은 시간 일하기-역주
7 Christiane Delbès et Joëlle Gaymu, Le Choc du veuvage à l'orée de la vieillesse, Population, 2002.

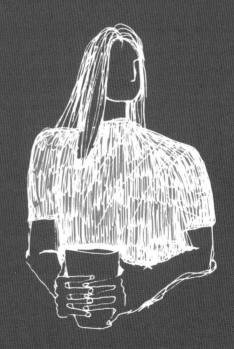

7

영재들은
왜 더 고독할까?

우리는 성공한 사람들이 우리와 다소 다른 방식으로 행동하고 반응한다는 데 단번에 동의한다. 그들이 계통수적 사고와 양적·질적으로 과도하게 발달된 지적활동, 빠르고 참신한 문제해결 능력, 확산적 추론, 끓어 넘치는 창의성, 고양된 의식 등을 지녔다는 점을 말이다. 이들의 고통이란, 자신이 왜 그토록 끊임없이 '분리'되는지 모른 채 자신의 다름을 이해시키고 이해받는 것에 실패한 데에서 온다. 자신을 있는 그대로 인정받지 못하는 이들에게 고독은 매우 혹독한 것이다.

잠재 능력이 큰 사람들, 이른바 영재들이 호소하는 고통의 원인은 대체로 대인관계 형성의 어려움으로 인한 고독에 있다. 내가 과거에 저서에서 기술한 것처럼, 그 고통은 자신이 결국 이 세상의 이방인이 되었다고 확신하면서 생겨나며, 그러한 확신 때문에 타인들에게 이해받거나 사랑받지 못한다고 느낀다.

또한 실존적이고 견디기 힘든 불안을 야기하는 고통 속에서 우리는 죄책감으로 그 불안의 불씨를 키우고 타인과 자신에게 공격적인 행동들을 취하며 그 불안을 더욱 악화시킨다. 그렇게 고통을 다시 고통에 의지하는 식으로, '피할 수 없는 숙명으로 완전무장'하게 된다.

샤를은 "장 폴 사르트르(Jean Paul Sartre)가 '타인은 지옥'이라고 기술했다. 그런데 나는 지독히도 홀로 외로운 이 상황이 지옥 같으니 차라리 '우리 자신이 지옥'이라 말할 터이다."라고 했다.

영재는 닫힌 회로처럼 살아간다. 아동이 부모님이나 선생님의 말을 따르거나 성인이 아버지나 어머니, 또는 편부모로서 책임을 다하는 것처럼 영재도 물론 무리 속에서 자신의 의무들을 지키며 살아간다. 그렇지만 사실 그들은 난공불락의 성채처럼 자신 속에 완전히 틀어박혀 있는 상태이다. 그래서 이런 영재의 배우자나 자녀도 대화 단절로 큰 고통을 받으며 고독에 빠지게 된다.

자신의 다름을 인정받지 못하는 데서 오는 고독

영재들이 느끼는 고통의 메커니즘과 근원은 일반인들과 차이가 있다. 영재들은 프로이트가 《꿈의 해석(The Interpretation of Dreams)》에서 밝힌 오이디푸스의 전형적인 고독과도 같은 것, 즉 혼자인 운명에 어울리는 출생 배경이나 자질에서 오는 고독 때문에 고통받기도 한다. 오이디푸스의 경우는 왕의 고독이며, 이는 영재들의 고독이 보통을 뛰어넘는 지적 능력에서 비롯되는 것처럼, 태어나기 전부터 정해져 있는, 운명에 따른 고독이다. 그리고 그 운명은 도망쳐도 소용없는 것이고, 도망치려 할수록 오히려 악화될 뿐이다. 자신의 독자성을 지나치려거나 숨기려 하는 영재는 자신의 독특한 운명과 타고난 독자성, 그리고 그것을 거부하거나 피하려는 의지 사이에서 고군분투하며 오이디푸스처럼 비극적인 상황에 놓인다.

이렇듯 오이디푸스와 영재들에게 고독은 감정이라기보다 운명에 가까운 것이라, 그들이 제 능력을 발휘하고 자신의 고독을 이롭게 만드는 법을 찾기 위해서는 고독을 온전히 받아들이는 수밖에 없다. 그러니 영재들은 자신의 독자성을 인지해야 하고, 잘 관찰만 한다면 이를 충분히 일찍 발견할 수 있다는 점을 자각해야 한다. 오이디푸스는 자신이 왕이었다는 사실을 알았다. 반면 거의 대부분의 영재들은 타인들과 구분되는 자신의 재능을 모른다. 그래서 왜 자신이 다른 사람들과 같은 방법으로 사물을 이해하지 않는지, 어째서 그들과 조화롭게 상호반응하지 않는지 알지 못한다. 프랑수아는 언젠가,

"고독은 나를 두렵게 한다. 하지만 타인들의 존재는 나를 고립시킨다."라고 말했다.

이 모든 차이들을 과거 나의 책에서 설명한 적이 있다.[1] 이후 나는 많은 사람이 나의 설명을 새로운 발견으로서 받아들인다는 사실을 알게 되었다. 그들은 여러 IQ 테스트를 통해 그 설명의 진위를 가릴 수 있었고, 나는 그들이 테스트 결과를 보며 안도하는 모습을 보았다. 나는 영재성이 성공한 사람들, 즉 빌 게이츠와 같은 기업 창시자들의 전유물이 아니라는 점을 강조하고 싶다. 우리는 성공한 사람들이 우리와 다소 다른 방식으로 행동하고 반응한다는 데 단번에 동의한다. 그들이 계통수적 사고와 양적·질적으로 과도하게 발달된 지적활동, 빠르고 참신한 문제해결 능력, 확산적 추론, 끓어 넘치는 창의성, 고양된 의식 등을 지녔다는 점을 말이다. 이들의 고통이란, 자신이 왜 그토록 끊임없이 '분리'되는지 모른 채 자신의 다름을 이해시키고 이해받는 것에 실패한 데에서 온다. 자신을 있는 그대로 인정받지 못하는 이들에게 고독은 매우 혹독한 것이다.

영재들이 호소하는 고독은 그들의 인생에 공유라는 개념이 없다는 사실과 관련되어 있다. 또한 타인의 말과 타인이 생각하는 자신의 이미지, 그리고 타인의 이해와 사랑, 경청으로 얻는 위안, 자신의 고통조차 경청해주는 존재에게서 얻는 위안이 없다는 점과 무관하

---

1 *L'Adulte surdoué, Apprendre à faire simple quand on est compliqué*, Albin Michel 2011; *L'Adulte surdoué à la comquête du bonheur, Rompre avec la souffrance*, Albin Michel, 2016.

지 않다. '타인과의 어떠한 교류도 없는 사람의 일시적 또는 지속적 상태'로서의 고독. 과연 영재보다 고독을 더 많이 느낄 수 있는 사람이 누가 있을까.

영재들의 3가지 특성

영재들은 다른 모든 감정과 마찬가지로 고통도 보통 사람들보다 훨씬 더 크게 느낀다. 그리고 일반적으로 고독은 영재들의 지적 능력의 세 가지 측면에 영향을 미친다. 먼저 그들은 지적으로 외롭다고 느끼며 '있는 그대로의 자신' 또는 '나 자신'이 되려 하면 할수록 혼자가 된다는 가혹한 감정을 느낀다. 그런 그들이 자신의 높은 IQ로 바라보는 세상을 과연 누군가와 공유할 수 있을까? 자신만의 방식으로 문제를 고찰하고 추론하며 이해하는 것을 과연 누군가와 나눌 수 있을까? 더욱이 영재들은 지적 차원을 넘어 정서적·사회적 차원에서도 고독을 느낀다.

영재들이 겪는 고통의 뿌리는 그들의 특성에서 찾아볼 수 있다. 그리고 우리는 이를 세 가지로 정리할 수 있다.

- 강렬함: 감정의 강도, 일과 관계에 매달리는 방식의 강도를 말한다. 그들은 모든 것에 '과도하게' 몰입한다.
- 복잡함: 단순한 답에 만족하지 않는다. 자명한 사실들을 그대로

받아들이지도 않는다. 그들은 계통수적 사고로 한꺼번에 여러 단계를 뛰어넘는다. 그리고 질문을 받으면 대개 예측 불가능한 대답으로 주변 사람들을 당황시킨다.

• 신속함: 지체 없이 행동한다. 그리고 항상 모든 것에서 완벽하지 않은 것과 완벽한 상태가 곧 붕괴될 듯한 것을 찾는다. 그들은 식음을 전폐하며 강박적으로 행동을 취하기도 한다. 또한 여러 가지 일을 연속적으로 처리해야 하는 상황에서 강박을 보인다.

한편 영재들의 고독이 완전히 주관적인 것은 아니다. 그들은 단순히 자신의 다름을 인지하는 데서 고독을 느끼지는 않는다. 영재들의 고독은 확실한 근거가 있는 객관적 감정이다. 즉 자신을 화성인이라 여기는 '타인들', 자신이 너무나 다르게 행동하고 지나치게 상호작용하려 한다고 생각하는 '타인들'에게서 소외될 때 느끼는 감정인 것이다. 그러므로 흔히 영재들이 타인과 거리를 두는 것은 자신의 악의나 심술 때문이 아니라 집단의 반사적 행동에서 비롯된다. 가령 사람들이 영재의 사고 속도를 따라가지도 이해하지도 못하는 데서 오는 불편감, 사회에서 눈부시게 발현되는 영재들의 임기응변과 그들의 '자폐증적' 행동들에 불편하고 불쾌한 감정을 느끼는 것이다. 영재들이 생각하고 말하는 강도와 신속함은 사람들을 압도하고 침잠시키며 그들의 숨통을 죈다. 그래서 사람들은 영재와 관계를 맺는 것이 아닌 이상 그와 나누는 모든 교류에서 얼른 빠져나오려 한다. 그러나 영재는 그들과 같은 생각을 하지 못한 채, 그들이 자신과 거리를 두는 이유와 모든 사회적 만남의 목적들을 단번에 알아채지 못할 수 있다. 그렇다고 자신의 행동이 초래하는 괴리를 충분히 자각한다고 해서 그것에 더 잘 대처하는 것만도 아니다.

한편 자신의 고통에서 벗어나기 위해 치료를 받는 영재들도 있다. 하지만 치료 과정이 더디고 치료사와의 강력한 상호작용이 결여된 탓에, 대부분의 경우 치료를 중단한다. 그들은 상담을 취소하면서 "선생님이 전문가인 것은 알지만 상태를 진단하는 데 너무 오랜 시간이 걸린다."라며 그 이유를 댄다. 만약 영재들이 치료 과정을 그렇게 느끼는 건 그들이 그 과정을 짜증나고 지루하며 자신을 더욱 고통스럽게 만들 뿐이라고 생각하기 때문이다. 그리고 이는 영재가 다른 모든 영역에서처럼 심리치료에서도 자신의 정신과 인지적 특이성에 부합하는 특별한 접근을 원하기 때문이다.

사실 분석치료를 할 때에는 내담자가 치료사와 치료 기법에 협조해야 하는데, 영재는 그 기법의 수준을 자기 영재성에 따른 기준치로 올려 판단해버린다. 그렇게 해야 순조로운 치료 과정을 위해 필요한 시간을 자신에게 맞출 수 있는 것이다. 이는 영재의 삶의 방식이 치료 과정에도 녹아들기 때문으로 보인다. 그들은 자신의 지식과 감정을 치료사와 성공적으로 공유하기 위해서는 참신하고 아무도 가지 않은 길을 가듯 모험적인 치료 과정이 필요하다고 생각한다. 영재들은 친밀한 교류 상대들을 찾지 못한 데서 고통을 받는데, 치료 과정에서는 이러한 고통을 받지 않는다. 왜냐하면 영재들이 타인과 가까워지려는 이유는 자신의 고통들을 쏟아낼 대상이 필요해서가 아니라 자신의 생각과 감정을 현명하게 들어주는 상대를 원하기 때문이다. 그래서 그들은 치료사를 찾는 것이다. 그들은 또한 자신의 독자성과 꿈, 자신의 까다로운 요구들을 이해하고 용인하는 사람들과 자신의 생각이나 관점, 경험들을 공유할 수 있는 정서적 수단으로서의 관계들을 맺고자 한다.

영재들은 대학교나 그랑제꼴[2]을 졸업함과 동시에 재학시절을 보낸 장소와 무리에서 단절된다. 더욱이 그들이 사회에 진입하는 데에는 더 많은 불확실성들이 따른다. 그래서 사회 진입은 곧 자신의 독자성 때문에 인생에서 가장 쓰라린 지적 경험을 하는 순간이 된다. 취업의 세계에서조차 영재들이 자신의 회사를 차리지 않는 이상, 우호적인 태도를 보이는 기업은 매우 드물다. 또한 보통 사람들이 수긍할 만한 것도 그들에게는 이해 불가능한 것이자 불충분한 것일 수 있다. 그러니 영재들은 자신의 직업적 삶을 스스로 통솔하지 않는 이상 그 삶의 질에 만족하지 못한 채 최선의 경우 주위 사람들에게 불편함과 연민을, 최악의 경우 시기심과 분노를 야기하게 된다. 그들은 항상 더 많은 답을 원하고, 끊임없이 질문하면서 진정한 대화 상대를 향한 욕구 때문에 직장 사람들을 피곤하게 하거나 그들에게 상처를 준다. 정작 그 대화 상대를 찾는 방법도 모르면서 말이다.

---

2 프랑스 고유 학제로, 소수의 엘리트만 입학할 수 있다. 일종의 대학이지만 졸업 후 석사학위가 나오는 등 특혜가 주어진다–역주

프랑수아즈 돌토는 고독이 인류의 보편적 감정이자 인생의 격동기를 거칠 때 본능적으로 발현되는 감정이라는 점을 주장했다. 이는 특히 영재들이 평범한 삶의 변화를 겪을 때, 예컨대 아동기에서 청소년기로의 전환기, 고등학교에서 대학교로의 진학 과정, 미혼에서 기혼으로의 변화, 학업에서 사회생활로의 진출 등의 시기에 확인할 수 있다. 이 단계들은 그들에게 곧 고통이나 다름없다. 왜냐하면 각 단계를 거칠 때마다 그들이 진출할 수 있는 장소들, 즉 지적·문화적으로 우수할 뿐만 아니라 정서적인 측면에서도 질이 높은 장소들이 갈수록 희소해지기 때문이다.

가정에서부터 외부세계에서까지 영재들은 이해를 넘어서 경쟁과 대립을 추구해 스스로 고독해진다. 그러나 그들이 아는지는 모르겠지만, 자신의 다름에 이름을 붙인다고 해서 사실 고독이 달라지는 것은 아니다. 실제로 영재들은 그들끼리의 만남의 장이나 아페리티프[3], 저녁파티들로는 만족하지 않으며, 한번 그 모임에 얽혀보면 다시는 그곳에 돌아가지 않는다. 왜냐하면 그들이 갈구하고 오랫동안 기다려온 것은 극소수의 사람들만이 줄 수 있는 깊고 특별한 우정이기 때문이다. 그래서 그 특별한 우정이 깨지면 그들은 이루 말할 수 없는 고독에 빠지고, 종종 만성적으로 과민하게 지각하고 반응하게 되어 더욱 극심한 고독을 겪는다. 이후 그들은 순수한 동료애에 열정을 쏟는 데에도 매우 큰 어려움을 느끼게 된다. 혹여 열정을 쏟

---

3 식사 전 식전주를 즐기는 시간-역주

는다 해도 그들은 언제나처럼 많은 것을 주고 많은 것을 기대하기 때문에 결국 고독이라는 위험에 내몰리게 되는 것이다.

어쨌든 성인 영재의 고독들 중 가장 큰 고독이자 그들 중 대부분이 호소하고 있는 고독은 단연 지적 고독이다. 그들은 고립에서 벗어나려는 욕망으로 주위 사람들을 광범위하게 수용한다. 영재가 바라는 것은 '보통 사람들처럼' 친구를 사귈 수 있는 능력이다. 거듭 말하지만, 지적으로 말이다. 이는 영재들에게서 보편적으로 발견할 수 있는 것으로, 그들은 이 대상을 하나로 국한하지 않는다.

그들은 자기 분야의 경계를 허물고 여러 영역에 다양하게 접근하기를 바란다. 예컨대 물리 영재는 신학에 관심을 보일 것이고, 의사는 철학에, 수학자는 음악에 흥미를 느낄 수 있을 것이다. 또는 자신의 능력과 전문 영역을 넘어선 수많은 분야들에 관심을 보일 수도 있을 것이다. 많은 사람이 생각하는 것과 달리, 영재들은 선험적으로 타인을 걸러내지 않는다. 다만 자신의 자리 또는 적어도 스스로 만족할만한 자리를 찾지 못해서 종종 타인들과 거리를 두거나, 다른 사람들이 실망할까 봐 두려운 마음에 그들에게서 단호하게 멀어진다. 그리고 '자신을 보호하기 위한' 이 거리두기로 사실상 더욱 고립되고 고통스러운 고독감을 느끼게 된다. 그들 중에는 자신의 상아탑에 갇힌 채 우울증에 빠지는 사람들도 있다. 왜냐하면 다른 모든 사람들과 마찬가지로 그들도 타인의 접촉과 인정을 대단히 중요하게 생각하기 때문이다.

한편 신경심리학자들은 개인이 세상을 인식하는 과정에서 극도의 고립과 정신적 안정 사이에 밀접한 상관관계가 있다는 사실을 발견했다. 정신분석가 폴 로랑 아순(Paul Laurent Assoun)은 그 상관관계를 강조하며, 매우 극심한 고독을 마주한 성인은 누구라도 자신의 오랜 불안 속으로 되돌아가는 경향을 보이며 타인에게서 탄압받는다는 느낌을 받게 된다고 주장했다. 왜냐하면 영재들에게 타인이란 자신이 원하는 안도감을 주지는 않지만 자기에게 반드시 필요한 안도감을 주는 존재이기 때문이다. 그래서 대개 그 타인에게 절대적 의존이라는 감정을 느끼는 것이다. 하지만 타인에게 의존하는 영재들은 점점 죄책감을 느끼고 자기 존재를 과소평가하게 된다. 결국 절망에 빠져 혼자가 된 영재는 타인에게 호감을 줄 수 없는 이유가 자신에게 문제가 있기 때문이라고 결론 내리기에 이른다. 또한 전 인류에게 버림받은 고아가 되었다고 느끼며 점점 그들에게서 멀어지고 자기만의 고독에 빠진다.

그에 반해 운 좋게도 '정신적 목표들'(신·음악과 긴밀한 관계, 의료적 사명감으로 점철된 헌신, 수학 연구를 향한 열정 등)이 충분한 경우라면 영재는 타인의 애정이 어린 관심으로 '보완되고자' 하는 본능적 욕구를 느끼지 않을 것이다. 그래서 영재는 자신이 열정을 쏟는 대상과 함께 유익한 대화를 나눌 수 있게 되는 것이다. 글렌 굴드에게 음악이 바로 이러한 대상이다. 하지만 영재에게 그런 열정의 대상이 없다면, 그 빈자리는 강박적이고 환상적인 '나쁜 대상들', 즉 고독에 빠진 영재가 자신에게 극심한 고통을 주었다고 여기는 수많은 가해자들로 채워진다. 설령 타인에게서 거부당하는 데 자신의 책임이 있다고 생각하더라도 마찬가지다.

나는 지금까지 영재의 정신적 고독에 대해 이야기했는데 이 고독은 각자의 삶의 리듬이 달라 생겨날 수도 있다. 가령 어떤 사람들은 평범한 일상의 반복을 견디기 힘들어 하며 일상에 활기를 불어넣는 강력한 무엇인가를 원하지만, 그러한 그들의 기대 때문에 정작 배우자는 당혹스러울 수도 있는 것이다. 성인 영재들은 흔히 "우리는 형편없는 인생을 살고 있다."라며 탄식한다. 그리고 상대방은 이러한 탄식을 흔히 자기 자신이나 부부생활에 가하는 비난이라 여긴다. 하지만 그 초점은 사실 다른 데 있다. 영재들이 느끼는 감정의 강도는 삶의 방식과 밀접한 관련이 있다. "여행이란, 시련이 오길 기다리다가 시련을 맞닥뜨리면 이에 맞서 싸워 살아남는 것이다."라는 말처럼, 영재는 모든 것에 의미를 찾고 상호작용하려는 욕구를 매우 강하게 느낀다. 그래서 그 욕구를 충족할 수 없을 때에는 소일거리를 하며 '시간을 죽일' 수도 있다. 그러면서 자기 인생을 살지 않으면 지엽적으로 사는 것일 뿐이라고 자각하기에 이른다. '우리는 전진한다. 그렇게 우리는 살아간다.'라는 생각으로 말이다.

한편 영재의 정서적 고독은 단순히 그의 IQ 수치보다는 그가 행동하고 세상을 바라보는 방식과 더 관련이 있다는 점을 이해해야 한다. 영재가 사랑에 빠지면 그 사랑의 강도는 상대방을 놀라게 할 만큼 세다. 영재 중의 영재라 불리던 레바논 작가 칼릴 지브란(Kalil Gibran)은 "나는 고독을 추구했다. 왜냐하면 사람들은 내가 진심을 다해 그들의 호의에 대한 값을 충분히 지불하지 않으면 나에게 그 어떤 호의도 베풀지 않았기 때문이다."라고 고백했다. 또한 분류가 불가능할 정도로 영재였던 불가리아 철학자 옴람 아이반호프(Omraam Aïvanhov)는 "고독은 인간이 살면서 겪을 수 있는 고통 중 가장 가혹한 것이다."라고 말했다.

영재들은 항상 자신이 준 사랑의 강도로 사랑을 되돌려 받기를 원한다. 그들에게는 상대와 함께 황홀하게 전율하는 것이 곧 사랑이다. 그러므로 매일 똑같이 굴러가는 생활을 연애에서 가장 피해야 하는 적이라 생각해, 항상 열정적으로 사랑하길 원한다. 또한 상대방이 항상 준비되어 있고 자신에게 예상치 못한 뜻밖의 것과 짜릿함을 주기를 바란다. 하지만 우리의 예상과는 달리, 그들은 지적으로 벗 삼아 지낼 타인에게는 절대 그러한 요구를 하지 않는다. 한편 모든 영재들의 고독이 반드시 고립과 동의어는 아니라는 점을 이해할 필요가 있다. 앞서 언급한 것처럼, 그들의 고립은 일이나 창작활동, 운동 등으로 승화될 수 있어, 영재들은 절망하지 않고 고립이나 고독을 일부러 기다리기도 한다.

반면 고독에 조금 더 취약한 영재들은 스스로를 고립시키고 이후 이 고립으로 고통을 겪을 수도 있다. 그래서 다른 사람들처럼 기존의 관계들을 견고하게 유지하는 것을 중요하게 생각한다. 고독이라는 불행에 유난히 노출되는 아동 영재들은 말할 것도 없다. 이러한 영재들의 고독을 치료하는 데에는 두 가지 방법이 있다. 우선 고독의 불행은 영재성의 증상이기 때문에 영재의 부모라면 자녀가 언젠가 겪을지도 모를 한없이 깊은 그 고독을 피할 수 있도록 절대적으로 도와서 자녀가 날개를 펼칠 수 있게 해야 한다. 또한 심리학에서 소위 '행동화'[4]라고 하는 고통의 명백한 징후들을 파악하고, 이후 치료사와의 상담을 통해 답을 찾을 수 있도록 이끌어야 한다. 자녀 상담을 위해 방문한 부모들은 아동의 잠재력을 알고서든 모르고서든 다음과 같이 자녀의 행동화를 이야기한다.

- 하루 종일 울며 방에 틀어박혀 있다.
- 어떤 이유에서인지 쉽게 격분한다.
- 어른의 의견에 무조건 반대한다.
- 어둠에 대해 비이성적인 공포심을 보인다.
- 과도하게 활동하기 시작한다.
- 등교를 거부한다.
- 학업 성적이 갑자기 떨어졌다.
- 항상 자신감이 결여되어 있다.

자녀가 위의 경우라면 부모의 추론이나 벌로써는 적절한 답을 구할 수 없을 것이다. 위의 행동들은 모두 깊은 고통, 다시 말해 자녀가 홀로 맞서지도 넘어서지도 못할 고독의 고통이 표출된 것이다.

---

4 정신분석에서 또는 기본적으로 말로 표현하는 치료 형태에서 한 개인이 자신의 기억이나 태도, 갈등을 말보다는 행동을 통해 표현하는 것–역주

참자기와 거짓자기 구별하기

"고독은 우리 주위에 사람들이 없다고 해서 생기는 것이 아니다. 고독은 중요하게 생각하는 것들을 함께 나누지 못하는 데서 비롯한다." 하지만 칼 융(Carl Jung)이 정의한 이 고독에 부합하는 내담자들은 사실 매우 드물다. 뿐만 아니라 타인의 말을 더 잘 경청하기 위해서 악화된 상황을 바로잡고 자기 자신을 훈련하는 데 수용적일 수 있는 사람 또한 드물다.

잠재력이 높은 성인들은 무한한 고통에 노출되지 않기 위해서 쉽게 분노하는 성격과 감정을 드러내는 태도, 남의 일에 깊이 공감할 줄 아는 능력, 그리고 강한 책임감을 모두 조화롭게 발달시키는 법을 배워야 한다. 영재들에게 요구되는 훈련은 그 궁극적 목적이 지극히 까다로운 탓에 가히 엄청난 것이라 할 수 있다. 그들은 천성적으로 다른 사람들에게 지나치게 감정을 이입해서 종종 '주제넘는다'라며 비난받기도 한다. 이 때문에 이러한 자신의 성향대로 행동하는 것과 타인들의 요구를 그들이 원하는 만큼만 충족하는 것 사이의 간극을 정확히 측정하는 훈련을 하는 것이다. 대개 우리는 항상 사랑하는 만큼 고통스러운 법인데, 이 때문에 성인 영재들은 정신적으로 불안정해지기도 한다. 그들이 난폭히 날뛰는 자신의 감정들에서 스스로를 지키는 법을 배워야 하는 것도 바로 이 때문이다.

정신적인 균형을 찾는다는 것은 곧 참자기와 거짓자기를 구분하는 것이다. 요컨대 거짓자기는 자신의 다름을 숨기고 타인과 비슷하게 보이기 위해 사회에서 쓰는 가면이다. 이것이 바로 무리생활에 적용되는 카멜레온 법칙이다. 우리는 모두 주변 환경의 요구들에 자신을 맞출 수 있고, 그에 조화를 이룰 수 있다는 것을 확인시켜주기 위해서 어느 정도는 이 거짓자기를 만들게 되는 경향이 있다. 하지만 거짓자기는 끝내 참자기를 억누르게 되므로 실로 위험한 것이다. 또한 성격을 왜곡시켜 종종 정신질환을 야기하기도 한다. 우리는 위험하다고 느끼는 곳에서 거짓자기를 좋은 방패막이로 활용하지만, 이 거짓자기가 마침내 인격을 대체하기에 이르면 이로움보다는 해로움이 더 클 수 있고, 우리의 진정한 모습이 억압되어 아예 표출되지 않기도 한다.

우리는 자의식과 자율성이 강할 때, 그리고 이것이 타인들에게 받아들여질 때, 넘어서는 안 될 경계를 더욱 잘 정해 타인에게 지나치지도, 너무 부족하지도 않은 사람이 될 수 있다. 한편 거짓자기는 새로운 관계의 모든 위험을 감수할 수 있지만, 환멸의 대상이자 자기 자신의 기대를 저버리는 불만의 대상이 될 수도 있다. 거짓자기는 새로운 관계에서는 완전히 드러나지 않을 뿐더러, 설령 그 관계가 실패로 끝나도 성찰의 시간을 가질 필요가 없다. 이에 반해 참자기는 견고하다. 견고한 참자기를 가진 사람은 타인의 반응에 항상 곤두서있지도, 자신의 결핍이라고 생각하는 것을 굳이 보완하려고 애쓰지도 않는다. 이런 사람은 자신이 애정을 쏟는 새로운 대상에게 그 대상이 실제로 자신에게 줄 수 있는 애정보다 훨씬 더 큰 애정을 기대하는 영재들과 달리, 자기가 얻지 못한 것을 채우려고 애쓰지 않는다.

우리는 우리 삶에 들어온 사람들의 강점과 약점을 가려낼 수 있을 때 더욱 쉽게 신뢰를 형성하고 확대시킬 수 있다. 그리고 일단 신뢰를 형성하면, 더 이상 타인의 관심을 구걸하거나 타인을 신경 쓰느라 노력하지 않아도 된다. 이렇듯 안정적이고 건강한 교류와 상호적인 관계는 우리의 말과 행동을 통해 이루어질 수 있다.

성인 영재는 극도로 과민한 성격 탓에 자기 자신을 보호할 필요성을 누구보다 크게 느낀다. 그래서 새로운 관계 앞에서도 그에 휩쓸리지 않도록 유의하며 아무에게나 너무 일찍 마음을 열지 않으려고 조심할 것이다. 더욱이 성인 영재들은 자기 자신을 알고 자신의 약점을 파악할 수 있게 되어, 조금씩 자신의 행동 방식을 누그러뜨리고 나중에는 이를 충분히 숨길 수 있게 된다. 그래서 주위 사람들이 진정한 자신을 '식별할 수 없게끔' 만들 수도 있다. 하지만 타인에 대해 신뢰를 형성하고 그 신뢰에 확신이 생기면 그때는 진정한 자기 본연의 모습을 거리낌 없이 보여줄 것이다.

때로는 지적 지능이 관계 능력을 더 어렵게 한다

성인 영재들은 자기 안의 강렬함과 복잡함, 무엇이든 빨리 해내려는 신속함을 관리할 줄 알아야 한다. 영재들은 보통 사람들과 자신이 다르다는 것을 인식해야 한다. 나는 바로 그 점을 성인 영재의 주변인들, 즉 '자신과 관계 맺은' 영재와의 타협안을 찾고자 나를 방문하는 주변인들에게 끊임없이 상기시킨다. 하지만 영재들은 그들과 매우 달라서, 비슷한 상황들에 대해서도 항상 가지각색의 다른 대답들을 내놓는다. 또한 각각의 관계를 유일무이하게 여기며 상대방에 따라 태도가 달라진다.

수많은 영재들의 고독을 모두 포괄하려면 반드시 영재와 보통 사람들 사이의 이 차이를 고려해야 한다. 예를 들어 카트린은 치료를 통해, 자신의 대인관계 문제들 중 대부분이 감정 표출의 강도 때문이라는 사실을 알게 되었다. 그녀는 이를테면 자신이 열정적으로 좋아하는 주제에 대해서는 대화를 독점하다시피 하며 타인들에게 두려움을 주었다. 처음엔 그 사실을 깨닫지 못한 채 폭주하다시피 말했다. 그러다 마침내 자신의 친구들과 직장 동료들 또는 가족에게 반감을 사지 않으려면 바로 이 점에 주의해야 한다는 사실을 깨달았다. 결국 그는 어떤 일에든 자신의 관점이나 해결책을 내놓았던 과거 자신의 성향을 억눌러야 했다. 비록 남들이 하지 못하는 생각으로 훨씬 더 빨리 해결책을 찾았다 해도 말이다.

성인 영재들은 자신의 완벽주의 성향이 상대를 얼마나 외롭게 하는지 인식해야 한다. 상담을 찾은 크리스토프는 연인이 자신과의 관계에서 얼마나 외롭고 '버림받은' 느낌이었는지 끝내 토로했을 때 너무 놀랐다고 고백했다. 그는 깊이 상처받아 스스로를 고립시켰고, 친밀한 관계, 그중에서도 특히 연인 관계를 시작할 때 없어서는 안 된다고 생각하던 신뢰관계를 이후 더는 회복할 수 없었다.

크리스토프는 자신의 생각과 행동의 아주 세세한 부분까지에도 완벽에 대한 강박이 있었는데, 나는 그가 바로 그 점 때문에 고립되고 타인과 분리될 수 있다는 점을 받아들일 수 있도록 할 수 있는 모든 것을 해보아야 했다. 가령 강박적으로 완벽주의적인 성향 탓에 그는 직장에서 해결해야 할 문제가 있으면 그 일을 끝내기 전에는 결코 퇴근하지 않았고, 자기만의 방식으로 해결책을 찾을 때까지 자기 세상에 빠져 있었다. 그런 그가, 모든 사람이 자기 같지 않고 자신의 행동방식이 정상적이지 않았다는 사실, 그리고 이 때문에 연인이 견딜 수 없는 고독과 버려졌다는 감정에 빠졌다는 사실을 이해하기 위해서는 많은 노력을 기울여야 했다. 그리고 타인에게 '물리적으로 존재하는 것'과 '유의미한 존재가 되는 것'을 구별하는 법을 배워야 했다.

자크 역시 만성적인 완벽주의자였으며, 기준이 높았던 만큼 사귀기 더욱 어려운 사람이었다. 그는 극한의 고독을 겪고 있었고, 그의 가장 소중한 우정들이 왜 오랜 시간을 함께 보내고 나면 갑자기 무너지는지 이해하지 못했다. 그는 자신이 비판을 쏟아낸다는 사실을 알지 못했다. 왜냐하면 그것은 자기 스스로에게 요구하는 기준을 상대방에게도 적용하려는 것일 뿐, 상대방에게 수치심을 주려는 의도가 아니었기 때문이다. 자크는 연애에서도 실패를 거듭했다. 사랑하는 연인이 자신을 비난하며 관계를 끝내던 날, 아직 깊은 사랑에 빠져 있던 그는 적잖이 동요했다. 연인은 그의 말과 불평들이 자신을 짓밟는다고 느껴진다면서, 그의 비웃음과 괄시를 받을까 봐 두려운 마음에 자신이 생각하고 기억하는 것들을 감히 말하지 못했다고 했다.

그날 이후 자크는 신중하게 말하는 법을 배웠다. '말하기 전에 일곱 번 생각'하게 되었다. 그는 이제 타인의 결함과 실수, 약점을 반사적으로 찾아내던 오랜 습관을 고치기 위해 노력하고 있다. 말의 의도와 그 결과가 동일하지 않다는 사실을 자각한 것이다. 가령 우리는 수치심을 주려는 의도 없이 완전히 객관적으로 어떤 것을 비판할 수 있지만, 그 비판을 받는 상대방은 수치심을 느끼며 그것이 의도적이었다는 인상을 받을 수 있다. 자크는 사람들이 자신을 '퉁명스럽고 심술궂은 사람, 비판적이며 자만심에 젖은 사람'으로 생각한다는 것을 알게 되었다. 하지만 자신의 생각이나 감정을 즉각 표현하기보다 한발 물러서서 상대의 감정을 헤아리는 여유를 갖고 자신이 추구하는 아름다움과 완벽에 대한 기대와 욕망을 표출하는 방법을 바꾸자, 바로 그때부터 이 완벽주의자는 자신을 극심하게 괴롭히던 고독에서 벗어날 수 있었다.

성인 영재들은 '보통' 사람들을 멀어지게 하는 자신의 매우 다양한 감정들과 변덕스러운 성격을 다스려야 한다. 성인 영재들이 계통수적으로 사고하는 방식은 감정의 차원에서도 적용된다. 그들은 과민한 성격 탓에 극단을 오가는데, 이는 그들이 참을성이 없어서가 아니라 다만 세 가지 모순된 감정을 동시에 느낄 수 있기 때문이다.

마르트는 자신을 '압력솥 같은' 상태라고 묘사했다. 그녀는 극도의 스트레스를 받는 상황이면 상상하기 힘들 정도의 과민반응을 보였는데, 얼마나 심각했으면 남편이 그녀를 자주 입원시켜야 했을 정도였다. 경련과 오한을 여러 차례 느꼈고 발작적으로 웃기도 했다. 하지만 남편과 자녀들을 비롯해 주위 사람들은 이를 '신경쇠약'이라고만 부를 뿐, 그 누구도 이를 다른 어떤 이름으로 정의해야 할지 몰랐다. 더욱이 마르트가 이따금 차갑고 무감각해 보일 정도로 자신의 감정적 과잉을 조심스럽게 숨겨왔던 터라 그들은 혼란스러웠다. 마르트는 단지 만성적인 감정적 동요를 표출했을 뿐인데, 그들의 눈에는 이것이 신경쇠약으로 비친 것이다.

그러므로 성인 영재들은 누구도 이해할 수 없는 자신의 과민함에 대해 충분히 숙고해보아야 한다. 영재들의 과민함은 주변 사람들에게 충격과 깊은 상처를 준다. 또한 그들의 변덕은 가족들에게 큰 불안을 안긴다. 이렇게 영재들은 감정을 적절히 표현하지 못해 종종 타인과 단절되거나 거리를 두게 되기도 한다.

이러한 성격의 성인 영재들 중에는 일반 대중의 관심을 추구하는 경우도 있는데, 정신분석가 앨리스 밀러(Alice Miller)는 이를 '웅대성'[5]의 욕망이라 명명하며 영재의 우울증과 연관시켰다. 이러한 성인 영재들은 진실하고 풍요로운 관계 형성을 위한 유일한 수단인 정체성을 강화하는 대신 영광을 얻기 위해 몸을 던진다.

그 결과, 그들은 지독한 감정의 굴레 속으로 빨려 들어간다. 앨리스 밀러는 "웅대성은 우울감을 막는 방패막이고, 우울감은 타인의

---

5 자신이 중요하고 특별한 사람이라는 과도한 확신과 우월감을 가지는 현상-역주

거부로 자아를 상실한 데 따른 극심한 고통을 막는 방패막이다. '웅대한' 사람은 어디에서든 모든 사람들이 존경하는 대상이다. 그리고 그 또한 그들의 존경을 필요로 한다. 사실 웅대한 사람은 타인의 존경을 얻지 않고는 살아갈 수 없는 존재이다. 그러므로 자신이 하는 것에서 눈부신 성공을 이루어야 한다. (…) 웅대한 사람에게는 결코 진정한 자유란 없다. 이유인즉 첫째, 웅대한 사람은 타인의 존경에 지나치게 의존하기 때문이며, 둘째, 그의 자아존중감은 자신의 사회적 신분과 직업, 그리고 업적에 달려 있기 때문이다."[6]라고 했다. 자신의 정서적 잠재력을 실현하지 못한 성인 영재는 대중의 존경을 받고 전문적 업적을 남김으로써 자신을 집어삼키며 결코 스스로 억제할 수 없는 사랑의 욕망을 대체한다. 하지만 유명인사라는 꿈은 결코 그의 욕구를 충족시키지도, 깊고 진실한 관계에서 그가 얻고자 하는 만족감을 가져다주지도 않는다. 명성은 보통 사람들에게서 그를 더욱 고립시키고 고독의 감정을 위험하리만치 가중시킬 뿐이다.

성인 영재들은 자신의 애정 관계가 무엇을 바탕으로 하는지 주시해야 한다. 대부분 자신을 드러낼 생각에 겁을 먹고는 타인에게 거부당하거나 비웃음을 살까 봐 두려운 마음에 종종 친교의 기회들을 피한다. 이는 이러한 기회들이 대부분 고통스러운 단절이나 실연으로 이어졌기 때문이다. 그래서 친밀한 관계를 꿈꾸면서도 그 관계들을 두려워한다. 그럼에도 성공적인 정서적 유대관계를 위해서 업무

---

6   Alice Miller, *Le Drame de l'enfant doué*, PUF, 1996, p.34.

를 처리할 때와 마찬가지로 관계에 수많은 요구를 한다. 하지만 정서적 유대를 위해서는 성격이 유연할 필요가 있는데, 그들에게서는 이 유연함을 찾기란 쉽지 않다. 성인 영재들은 서로에게 솔직함으로써 친밀감을 유지하고, 진실한 사랑을 찾고 이어가기 위한 적절한 감정표현과 행동을 보이지 못한다. 하지만 그것만이 사랑이 주는 특권들, 예컨대 차분하게 사랑해준 보답으로 받을 수 있는 특권을 약속할 수 있는 것이다.

성인 영재들이 연애할 때 직면하는 첫 번째 어려움은 사랑하는 사람과의 적절한 거리를 정하는 데 있다. 그들은 상대방과 얼마간의 거리를 유지해야 하는지 정확히 알지 못한다. 그래서 상대를 숨 막히게 할 만큼 너무 가까이 다가가거나, 그가 소외감을 느낄 만큼 너무 멀어지는 것이다. 더욱이 그들은 망설이는 태도로 끊임없이 상대방을 불안하게 한다. 그리고 상대에게 지나치게 동조하거나, 반대로 그에 잘 동의하지 않기도 한다. 지나치게 타협하기도 하지만, 요구가 과할 때도 있다. 어떨 때는 상대가 늘 관찰 받는다는 느낌, 심지어 몰래 감시당한다는 느낌을 받는다고 할 정도로 지나친 관심을 보이기도 한다. 성인 영재들은 사랑을 하면 늘 모든 것을 걸거나 아무것도 걸지 않는데, 바로 이러한 점들 때문에 관계에 대한 그의 바람과 기대를 채워줄 수 있는 사람은 천성적으로 지배적인 사람이든 순종적인 사람이든 간에 매우 드물다. 더욱이 그들은 사랑하는 상대와 모든 부분에서 완전히 동등하기를 원한다.

성인 영재들 중에는 태어날 때부터 형성된 강력한 거짓자기를 앞세워 결혼하는 경우도 있다. 하지만 이내 자신의 배우자를 유혹한 사람이 자신의 거짓자기이며 그 거짓자기만이 배우자를 만족시킬 수 있다는 사실을 깨닫는다. 그 결과 기만과 죄의식, 그리고 깊디깊은 고독 사이에 놓이게 된다. 게다가 의도적인 것은 아니었음에도 거짓말한 잘못이 있는 탓에 그 고독을 불평할 수도 없다.

예컨대 안나는 오랜 세월이 지나서야 전혀 모르는 사람과 결혼한 것이나 다름없다는 사실을 깨달았다. 결혼 후 그녀의 남편은 연애하던 때와 180도 달라졌고, 그녀의 기대를 채워주던 모습도 이제는 온데 간 데 없었다. 안나는 배신감과 기만, 거부당하는 기분을 느꼈다. 그렇게 두 사람은 날이 갈수록 각자의 고독에 틀어박혔고, 그 고독은 모두에게 똑같이 파괴적이었다.

한편 배우자에게 거짓자기를 보인 사람들 중 최악의 경우는 자신이 가진 고도의 지적 능력을 숨긴 사람이다. 배우자는 그의 비범한 잠재력을 짐작하는 날이면 다른 어떠한 경우보다 두 배로 상처를 받는다. 그리고 그 상처로 사랑과 자존심에 또 한 번 상처를 입는다. 왜냐하면 배우자는 영재인 그의 수준에 못 미칠까 봐 불안에 떨며, 그가 자신을 무시해서 진짜 모습을 숨겼다고 믿기 때문이다. 실제로 원래 친밀한 관계였다 해도 지적 불균형이 나타난다면 그 관계는 실패할 위험이 높다. 그러므로 성인 영재는 자신과 지적으로 동등한 수준의 사람과 관계를 맺는 것이 자신에게 얼마나 중요한지 솔직하게 헤아려보아야 한다. 지적 능력에서 극명한 차이를 보이는 커플은 서로에게 콩깍지가 벗겨지면 과연 얼마나 그 관계를 유지할 수 있을지 냉정하게 판단해야 한다. 미셸은 치료가 끝날 무렵, "나는 단지 나처럼, 자신이 어떤 사람이 되고 싶은지 알만큼 충분히 지적인 사람 곁에서 나 자신이 되고 싶을 뿐이다. 이제 나는 나를 안다. 그러므로 나는 준비가 되었다고 생각한다."라고 털어놓았다.

성인 영재들은 타인의 말에 경청하고 타인이 충분히 표현할 수 있도록 기다리는 법을 배워야 한다. 연인 관계의 성공 비결은 틀림없이 이 원칙에 있다. 성인 영재들은 상대방의 사유방식, 논리, 속도, 지적 계산법이 자신과 같지 않다는 사실을 받아들이는 순간 상대방의 말에 귀를 기울일 수 있게 된다.

상대의 말을 경청하는 데에는 두 가지 이점이 있다. 상대를 더 잘 아는 법을 습득한다는 점, 그래서 그를 더 사랑하는 법을 터득한다는 점이다. 이를 위해서는 상대에게 조언을 퍼붓고 그의 말을 끊으며, 제발 요점을 말하라고 요구하는 등 상대의 생각에 끊임없이 개입하는 것을 삼가야 한다. 그리고 상대의 감정에 귀를 기울이고, 자신의 감정을 비옥하게 해줄 수 있는 상대의 섬세한 감정을 들여다보아야 한다. 상대방의 조언들을 새겨듣고 관계의 기저가 되는 사랑으로 그 조언들을 받아들인다면, 상대는 타인들과의 관계를 학습하는 데 훌륭한 스승이 된다.

성인 영재들은 상대방이 자신과 같은 수준의 통찰력을 지니고 있지 않다는 사실을 염두에 두어야 한다. 상대에게는 영재처럼 감정이입을 통해 타인의 반응들을 미리 예측할 수 있는 재능이 없다. 로즐린은 이혼 후 상담치료를 받으면서, 부부 관계가 실패한 데에는 자신의 책임이 크다는 사실을 마침내 받아들였다. 성인 영재인 그녀는 늘 남편이 자신처럼 사랑의 힘으로 뛰어난 공감능력을 지녔을 것이라고 생각했다. 그녀는 "나는 베르트랑이 내가 느끼는 것, 그리고 내가 그에게서 바라는 것이 무엇인지 알 수 있다고 생각했다. 사랑의 마법으로 말이다. 그가 나를 진정 사랑한다면 나는 어떤 말도, 어떤 요구도 할 필요가 없다고 생각했다. 하지만 그는 자신이 어떤 것에 무심한지도 몰랐고, 나는 그 사실에 실망하여 그에게 하이에나처럼 달려들었다. 그러나 그는 내가 무엇 때문에 분노하는지 결코 이해하지 못했다. 이제와 생각해보면, 그때 나의 행동은 매우 올바르지 못했다."라고 말했다.

8

똑똑한 여자들일수록
더 고독한 이유

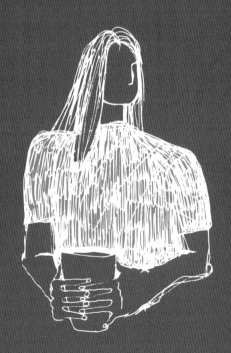

가령 학력이 높고 사회적 지위가 높은 여성일수록 미혼일 확률이 높다는 점을 들 수 있다. CNBC 존 카니(John Carney) 경제부 기자는 〈더 와이어(The Wire)〉지에 이러한 현상을 해석한 기사를 쓰기도 했 다. 그는 "성공한 남성들, 야망 있는 남성들은 자신보다 야망이 작은 여성들과 데이트를 하는 경향이 있다. 이는 그들이 '여성들은 멍청해야 한다'라고 생각해서가 아니라, 자신의 우선순위들에 맞춰줄 수 있는 '우선순위에 대한 감이 있는 여성'을 원하기 때문이다."라고 했다. 이에 더해 1980년대 프랑스에 서 시행된 연구를 통해, 명문학교를 졸업한 여성들이 기혼일 때보다 미혼일 때 더 화려한 경력을 쌓는 반면, 남성들은 기혼일 때가 미혼일 때보다 더 성공한다는 사실이 증명되기도 했다.

과연 여성들은 남성들보다 고독에 더 취약할까? 여성들은 남성들보다 고독에 더 노출되어 있을까? 정신과 의사 마리-프랑스 이리고엔(Marie-France Hirigoyen)[1] 박사는 과거 자신의 여러 저서 중 상당 부분을 이 질문에 할애했다. 그리고 그중 한 권은 오늘날 거의 사회문제로까지 여겨지는 현대 여성의 고독을 조명하고 있다.

이는 여성들의 고독이 이제 사회학적 문제가 되었다는 데서 그 이유를 찾을 수 있다. 예컨대 서구 사회에서는 결혼한 커플 중 절반 이상이 이혼한다. 그리고 이혼의 증가와 더불어 1인 가구의 수도 계속해서 늘고 있다. 국제시장조사기관 유로모니터(Euromonitor)는 유럽 내 1인 가구 수가 30%를 넘어섰으며, 스웨덴에서는 최고 50%에 근접한다고 밝혔다. 뿐만 아니라 모든 서구 국가들에서도 이혼율이 50%대를 기록한 것으로 나타났다. 이러한 변화는 '여성 혁명'을 통해 여성들이 스스로 출산 여부를 결정하고 노동 시장에 진출하며 경제적 독립할 수 있게 되면서 가속화되었고, 결국 가족과 가정의 안정에 대한 전통적인 틀이 깨지기에 이르렀다. 하지만 여성 자유의 이면에는 그늘이 존재한다. 예컨대 2013년에는 프랑스 내 편부모 가정의 85%가 편모 가정이라는 사실이 밝혀졌으며, 그중 30%, 즉 자녀를 혼자서 양육하는 약 200만 명의 여성들이 빈곤선 이하로 생활하고 있었다.[2]

한편 우리는 학력이 낮은 여성들이 이러한 상황에 상대적으로 더

---

1 Marie-France Hirigoyen, *Les Nouvelles Solitudes*, La Découverte, 2007.

취약하며, 특히 가장인 경우라면 재혼하기 더욱 어려울 것이라는 점을 추측해볼 수 있다. 그들은 일상의 의무들에 묶인 채 경제적 지원이 적거나 아예 없어서, 사실상 여가를 즐기거나 적극적으로든 소극적으로든 애인을 찾아 나설 여유조차 없다.

왜 고학력, 지위가 높은 여성은 원하는 상대를 만나기 어려울까?

지적으로 명성이 높고 '성공한' 여성들이 이상적인 상대를 만나는 데 겪는 어려움과 그들의 고립, 고독 또한 크고 깊기는 마찬가지다. 이는 무엇보다도 지적인 여성들이 남성들에게는 두려움의 대상이라는 데서 그 이유를 찾을 수 있다.

이 사실은 수치화해보면 더욱 명백해진다. 가령 학력이 높고 사회적 지위가 높은 여성일수록 미혼일 확률이 높다는 점을 들 수 있다. CNBC 존 카니(John Carney) 경제부 기자는 〈더 와이어(The Wire)〉지에 이러한 현상을 해석한 기사를 쓰기도 했다. 그는 "성공한 남성들, 야망 있는 남성들은 자신보다 야망이 작은 여성들과 데이트

---

2 이 현상을 설명하자면 다음과 같다: 이혼 여성 중 77%, 상대방과 결별한 미혼모의 84%가 양육권을 가지고 있다. 프랑스 경제사회환경위원회(CESE)는 최근 내놓은 보고서 〈위태로운 여성들(Femme et précarité)〉에서 혼자인 여성들의 상황을 염려한 바 있다. 보고서에 따르면, "빈곤선 이하로 생활하는 프랑스인 860만 명 중 470만 명이 여성들이며, 이는 프랑스 국민의 55%에 달하는 수치다. 그중에서도 특히 편모들이 가장 많았다. 편모들은 프랑스 국민 중 5%에 불과하지만, 빈곤층에서는 그 수치가 2~3배 높게 나타난다." 이를 통해, 상대방이 지불해야 하는 양육비 중 40%가 지불되지 않고 있다는 사실을 읽어낼 수 있다.

를 하는 경향이 있다. 이는 그들이 '여성들은 멍청해야 한다'라고 생각해서가 아니라, 자신의 우선순위들에 맞춰줄 수 있는 '우선순위에 대한 감이 있는 여성'을 원하기 때문이다."라고 했다. 이에 더해 1980년대 프랑스에서 시행된 연구를 통해, 명문학교를 졸업한 여성들이 기혼일 때보다 미혼일 때 더 화려한 경력을 쌓는 반면, 남성들은 기혼일 때가 미혼일 때보다 더 성공한다는 사실이 증명되기도 했다.

데이비드 윌레츠(David Willetts) 영국 교육부 장관은 〈데일리 메일(Daily Mail)〉 기사를 통해 "고학력 여성들은 대개 자신보다 학력이 낮은 남성들과 결혼할 수밖에 없다."라고 하며, "그들은 자신을 경제적으로 뒷받침해줄 수 있는 남성보다, 자신의 경력을 지지해줄 수 있는 남성을 고른다."라고 주장했다. 한편 영국에서 일반인들을 대상으로 시행된 조사에 따라, IQ가 높은 여성들이 남녀관계에서 '문제아'로 받아들여지기도 한다는 사실이 드러났다. 사람들은 여성 영재들의 지능을 애정 관계에서 문제를 일으킬 수 있는 것으로 느꼈으나, 반대로 남성의 높은 지능은 이성을 유혹하기에 좋은 도구이며 그의 성적 매력을 높이고 그를 매혹적으로 만든다고 여긴 것이다.

사람들의 이러한 태도는 꽤 보편적인 것처럼 보인다. 그래서 버펄로 대학교, 캘리포니아 대학교, 텍사스 대학교 등 미국의 대학교 3곳이 이 주제로 연구를 진행했다. 물론 조지 클루니는 자신이 똑똑한 변호사 아내 아말 알라무딘의 '전리품'일 뿐이라며 흔쾌히 말하고 다니지만, 사실 연구에 따르면 남성들은 상대 여성의 지적 능력이 높으면 유혹하는 과정에서 흥미를 잃는 것으로 나타났다. 이 연구는 사회심리학 국제 학술지 〈성격 및 사회심리학(Personality and Social Psychology Bulletin)〉 2015년 11월호에 게재되었으며, 여기에는 연구 방법도 상세히 기술되어 있다. 이 연구에 따르면, 1차 설문조사 결과 각각의 대학교에서 설문에 응한 남학생들 중 86%가 자신보다 똑똑한 여성과 데이트하는 데 거리낌이 없다고 주장했다. 연구진은 이 주장의 진위를 가려내기 위해서 이후 그들을 대상으로 6개의 테스트를 실시했다. 연구진은 1차 실험에서 설문에 응한 105명의 남학생들을 대상으로 지능 테스트 결과가 자신보다 높을 것 같은 여성의 매력지수를 기록하게 했다. 이후, 151명의 학생들에게 지능 테스트를 보게 하고는 "이 홀에서 자신보다 점수가 더 높은/낮은 여성 중 누구를 만나고 싶은가?"라는 질문에 답하게 했다. 이 두 실험에서 대부분의 남학생들이 자신보다 똑똑한 여성들에게 호기심을 느끼며 그들과 만나고 싶어 하는 경향이 있었다. 하지만 실제 결과는 이론과 정반대였다. IQ 테스트 결과가 나오자마자 이 남학생들은 함께 테스트를 본 여학생들 중 자신보다 똑똑한 여학생들에게서 곧바로 멀어졌다. 반면 점수가 더 낮은 여학생들과는 더욱 가까워졌다. 연구진이 작성하도록 한 평가에서, 남학생들은 지적으로 우월한 여성들이 그렇지 않은 여성들보다 덜 매혹적이고 성(性)적으로도 덜 매력적이라고 답한 것이다.

이 일련의 테스트는, 남성들이 자신보다 '더 똑똑한' 여성을 직접 마주하면 그 여성과 데이트하려는 경향이 낮았으나 서로 다른 방에 있으면 그 여성의 지능에 그다지 좌우되지 않고서 매력을 느꼈다는 사실을 보여주었다. 물론 예외도 있었다. 똑똑한 여성을 한 번도 본 적 없는 남성들은 자기보다 높은 점수를 받은 그 여성과 대화하고 싶어 하는 '예외적인 경향'을 보이기도 했다.

결론을 말하자면, 남성들은 자신보다 더 똑똑한 여성을 대면하지 않은 상태에서는 그녀와 데이트하고 싶어 하는 것 같았으나, 그 여성을 실제로 마주하면 그녀와 연애하고 싶은 마음이 급격히 줄어드는 것 같았다. 더욱이 자신의 남성다움을 평가해보라는 테스트를 받은 남학생들은 자기보다 똑똑한 여성이 옆자리에 있을 때 자신이 덜 남성적이라고 느꼈다고 시인했다.

여성들의 영재성은 곡해되어 일련의 환영을 불러일으키기도 한다. 예컨대 여성 영재는 거만하고 자기 확신에 가득 찬 사람이자 무뚝뚝하고 모성애나 연민이 없는 사람이라고 생각한다. 또한 일을 위해서라면 모든 것을 희생하는 사람, 여성을 혐오하고 여자 친구들이 없는 사람, 다른 여성들이 자신의 지위나 직위까지 올라오는 것을 견디지 못하는 사람, 야망이 큰 사람, 그리고 연인의 약점을 하나라도 찾으면 그게 무엇이든 용납하지 않는 사람쯤으로 여긴다. 그러니 영재까지는 아니어도 여성들이 '너무' 똑똑하면 극심한 고독을 겪을 수 있다는 사실은 이 진부한 생각들 중 하나만 보더라도 쉽게 이해할 수 있다.

나의 상담실을 찾아온 여성 내담자들 중에는 수년간 고독의 고통을 겪고 있으면서도 "대체 왜 불평하나? 주위를 둘러보라! 명백한 이유들로 진정 고통받는 사람들이 있지 않은가."라는 말 때문에 더이상 누구에게도 자신의 고통을 말하지 못했다고 고백하는 사람들이 수두룩하다. 물론 개인의 고독보다 더 나쁜 상황들은 항상 존재한다. 예컨대 전쟁 중인 국가나 병원에서는 더 나쁜 상황들을 숱하게 볼 수 있다. 하지만 병원에서도 대퇴골 골절이 더 끔찍하다는 이유로 극심한 치통을 겪는 사람의 고통을 부정하지는 않는다. 그렇지 않은가?

물론 모든 여성들이 고독을 겪는 것은 아니고, 모두 같은 방식으로 고독을 겪는 것도 아니다. 앞서 언급한 프랑스 통계청 연구는 "남성보다 고립 상황에 놓이는 경우가 적은 여성들이 고독이나 권태를 더 자주 느낀다."라고 결론지은 바 있다. 또한 사회학자 장-루이스 팡 케 숑은 "사회적으로 낙후된 지역, 그중에서도 특히 도시 내 빈곤 지역에 거주하는 사람들이 이러한 감정들을 더 자주 느낀다."라고 주장했다.

나를 찾아온 젊은 여성 영재인 하이디는 "우리의 고통은 태어나면서부터 시작된다. 그 고통은 자아존중감에 영향을 미치며, 일평생 우리를 따라다닐 것이다. 학교 수업은 지루할 것이고, 이후 사춘기 때는 정체성 위기를 겪을 것이다. 그리고 성인이 되면 자기 확신의 결여로 고통받을 것이다. 그래서 사람들 틈에 뒤섞여 살면서 우울해지거나, 틀에서 벗어난 삶을 택하고는 분노를 느낄 수도 있고, 혹은 그 어느 편도 아닌 채 고통받는 영혼처럼 정처 없이 떠돌 수도 있다."라고 말했다.

그러므로 여성 영재들은 다른 모든 영재들과 같은 고독을 느끼면서도, 그 고독을 훨씬 더 강하게 느낀다는 점에서 다르다고 할 수 있다. 여성 영재들에게는 자신의 다름이 두 배로 다가온다. 다른 사람들과 비교해 사회에 잘 편입되지 못하고 여성에게 끊임없이 부과되는 규범적 의무들에도 동화되지 못하는 것이다. 한편 사람들은 아주 오랫동안 결혼하지 않고 자녀도 갖지 않은 채 살아가는 그녀들의 고독을 납득하기 어려운 눈치다. 결국 그녀들은 자신의 생체시계에 몹시 불안감을 느껴, 괴리감과 더불어 실패했다는 기분으로 스스로 점점 과소평가하고 가두게 된다.

언제쯤 출산하고 싶다는 바람을 이루지 못하고 '임신' 기회를 놓쳐버린 데서 비롯되는 두려움은 모든 여성이 느끼는 고독에 또 다른 압력이 된다. 그리고 이 때문에 여성이 느끼는 고독의 방식이 남성과 다른 것일 테다. 이 여성들 중에는 진정한 애정 관계를 맺지 못하는 자신의 무능력과 고독 때문에 신음하면서도 가족이나 친구들과는 만족스러운 사회적 관계들을 유지하는 경우가 많다.

그녀들은 경제적 독립과 그에 따른 완벽한 독신 생활로 이제 자신은 성공했다고 생각하지만, 그 성공으로 과연 행복해졌는지를 스스로 묻게 되는 순간이 언젠가는 찾아온다. 젊은 여성들은 자신이 원해서 혼자 살고 있는 것인지, 아니면 다른 선택지가 없어서 그런 것인지 더는 모르겠다고 나에게 털어놓는다. 왜냐하면 그들은 행복의 개념과 행복하다는 감정을 종종 연인이나 적어도 자녀의 존재와 연결시키기 때문이다. 그녀들은 이렇게 수차례 낙담하고서는 온라인 데이트 사이트에 접속하게 된다. 유럽 내 가장 유명한 온라인 데이트 사이트의 회원 수는 4,200만 명이나 된다! 하지만 데이트를 통해 상대방과 애정 관계, 즉 아델린이 말한 '진정한 관계를 위한 진정한 만남'을 이어가지 못하면, 이들의 고독은 공황장애로 발전하게 된다.

인터넷 만남에서 남성들과 여성들은 확연하게 다른 모습을 보인다. 예컨대 여성들은 실제 만남이 이루어지기 전까지 지속적으로 교류하고자 하는 반면, 남성들은 현대문화에서 학습한 대로 여유를 가지는 것을 곧 시간을 버리는 것으로 여기기 때문에 그 과정을 견디지 못한다. 결국 수많은 여성들은 '진짜' 만남이 성사되지 못할까 봐 두려운 마음에, 환멸을 느끼면서도 온라인 데이트를 계속 해나간다.

한편 이 여성들 중에는 35~40세가 넘어 자신의 상황에서 벗어나고자 연애 코치에게 강습을 받거나 심지어 '감정능력평가'를 치르는 사람들도 있다. 또한 혼자 아기를 가지려고 계획하거나 홀로 양육할 준비가 되었다고 하는 여성들도 있다. 현재 프랑스에는 미혼모 수가 200만 명을 넘어섰으며, 자녀가 있는 가정 네 집 중 한 집이 편부모 가정이고, 이들 중 85%가 편모 가정이다.

작가 크리스티앙 보뱅(Christian Bobin)은 여성들에게서 나타나는 고독의 역설과 여성 입장에서 보는 부부의 역설을 주장했다. "고독은 유기일 수 있는 한편, 힘일 수도 있다. 여성들은 이 두 가지 사실을 결혼하고서 알게 된다. 결혼은 아주 종종 여성들, 더 정확하게 말하자면 여성들만이 원하는 것이자 그녀들만이 진심으로 꿈꾸는 것이고, 그녀들에 의해서만 유지되는 것이다. 그래서 결혼한 여성들은 이따금 지쳐 떠나버리기도 한다."

여성들은 자신이 고통스레 겪고 있는 고독의 원인을 오직 자신의 독신 생활에서만 찾아서는 안 된다. 독신만이 유일한 이유라는 주장은 정녕 왜곡된 것이다. 설령 30대의 수많은 젊은 여성들이 오늘날의 삶의 방식 때문에, 대학 입학 무렵부터 10여 년 동안 안정적으로 구축해온 연인과 결혼·출산에 이르지 못하고 헤어지는 시련을 겪고 있기는 해도 말이다.

오늘날 대부분의 젊은 여성들은 사회에 편입되지 못할까 봐 두려운 마음에 직업적 성공을 우선순위에 두면서 독신 생활을 선택하고 있다. 그녀들은 헤어질지도 모른다는 자기 세대 커플들의 불안정성과 자신을 향한 감정이 진심이 아닐지도 모른다는 감정적 관계들의 불확실성 때문에, 연애를 유지하거나 결혼을 택하기보다는 학위를 취득해 경제적으로 독립하고자 하는 의지를 다진다. 그들 중에서 아주 극소수만이 현재의 연인과 남은 일생을 함께 보낼 것이라고 말하지, 결혼이나 가족 형성 등의 확실한 목적을 이루지 못한 채 첫 실연을 겪고서는 고독감이 아닌, 평생 혼자일지도 모른다는 불안감을 느끼는 젊은 여성들이 부지기수이다. 그리고 이 불안은 일종의 강박이 되어 자기 자신에게 해를 끼치기도 한다.

여성 영재들의 특성

서구 사회에서 여성 해방의 역사는, 여성의 독자성을 인정받게 하고 남성 입법자가 남성에게만 유리하도록 제정한 규범들을 바로잡고자 하는 여성들의 투쟁을 보여준다. 이 여성들은 대개 매우 대담했다. 그래서 최고형을 받았다. 우리는 여성들의 사회 진출과 고유한 경험을 인정해야 한다고 주장했던 프랑스 여성운동가 올랭프 드 구즈(Olympe de Gouges)가 어떤 운명을 맞이했는지 기억한다. 그녀는 참수형을 받았다. 자신의 견해를 공유한 사람들도 처벌을 면하지 못했다. 예컨대 연금술사이자 철학가, 신성 로마제국 황제 카를 5세(Charles Quint)의 사료편찬관이던 코르네이유 아그리파 네테스하임(Corneille Agrippa de Nettesheim, 1486~1535)은 주술 행위로 기소되어 브뤼셀 감옥에서 투옥 생활을 한 후 프랑스 그르노블에서 가난하게 살다가 생을 마감했다. 그는 1529년에 〈여성의 고귀함과 우월성에 대하여(De nobilitate et praeccelentia foeminei sexus)〉를 발표해, 모든 창조물들은 신의 형상일 뿐이며 여성은 완벽한 완성물이라고 하는 창조의 틀 안에서 여성의 본질이 어떻게 해석되는지 문제를 제기했다. 한편 영국에서는 1738년, 한 여성이 소피아라는 가명으로 신중하고도 대담하게, 〈남성보다 열등하지 않은 여성……(Woman Not Inferior to Man……)〉이라는 제목의 글을 작성해 유포했다. 이 글은 발표되자마자 큰 반향을 불러일으켰다.

그러나 위의 예들은 여성 인권 연구가들이 수집한 방대한 양의 역사적 사료들을 뒤엎을 수 있을 만큼 유명한 반례들은 아니다. 물론 샤틀렛(Châtelet) 부인과 볼테르(Voltaire) 부인의 이야기 또는 스퀴데리(Scudery) 부인의 살롱이나 줄리에트 레카미에(Juliette Récamier)를 반증으로 제시할 수는 있겠지만, 마찬가지이다. 한편 남성들 중에는 여성들의 지성을 두려워하는 경우가 있으며, 그 이유는 제각각이다. 가령 여성들이 해방되어 어머니로서의 역할과 순종하는 아내로서의 역할을 저버릴까 봐, 혹은 공적으로든 사적으로든 자신의 우위를 잃게 될까 봐 두려움을 느끼는 것이다. 프랑스 시인 샤를 보들레르(Charles Baudelaire)는 지적 경쟁이 적어도 유혹과 쾌락, 욕망에는 불리하게 작용한다고 여겼다. 그는 "똑똑한 여성은 남색자들의 즐거움이다(이 시대에는 '동성애자(homosexual)'라는 단어가 매우 드물게 사용된 반면 '남색자(pederast)'는 아주 빈번하게 사용되었다)"라고 적었다. 이는 한 여성 내담자의 말을 통해서도 잘 알 수 있다. 그녀는 "모든 영재들이 고통받는 이유는 거의 비슷하다. 하지만 영재들 사이에서도 성차별주의의 영향은 수 세기 동안 여전히 존재한다. 가령 명석한 여성들은 같은 수준의 남성들에 비해 사회에 받아들여지는 데 훨씬 더 큰 어려움을 겪는다. 게다가 여성 영재가 신체적으로 돋보이기까지 하면, 그녀에게 지배당할지도 모른다는 남성들의 두려움과 덜 똑똑하거나 덜 예쁜 여성들의 강한 질투심을 살 공산이 매우 크다. 나의 경우가 그렇다. 나는 극심한 고립 상태에 있고 다른 사람의 도움을 구할 길도, 사회생활을 할 수도 없다. 나는 지독하게 외롭고, 잔혹하리만치 부당한 행위들의 대상이 된 것 같은 기분이 든다. 베풀고 나누고 싶은 마음이 굴뚝같은데 나는 어째서 이토록 혼자여야 하는 것일까?"라고 했다.

나는 임상의로서 성인 내담자들에게 지성에 대해 말할 때면 항상 남녀의 차이를 두지 않으려고 주의했다. 그래서 나는 일반적으로 IQ라는 단어를 언급할 때, 성별과 관계없이 모든 내담자들에게 똑같은 기준과 정의를 제시한다. 그들은 동일한 테스트를 치르고, 테스트는 같은 척도로 분석된다. 그럼에도 불구하고 분명 여성들에게만 존재하는 특수성들이 있다. 이는 남성들과 근본적으로 다른 모든 여성들이 가진 고유의 특성들이 아니라, 성인 영재들을 성별에 따라 바라보는 사회의 시선에서 비롯되는 특성들이다. 또한 여성 영재들이 받은 교육과 그들이 자란 사회 저변의 일반적 문화에서 기인한 특성들이다. 한편 여성들의 영재성에는 조금 더 두드러지는 특징들이 있다. 우리는 그 특징들을 이해하고 영재성이 IQ와 거의 관련이 없다는 사실을 염두에 두어야 한다. IQ 테스트는 영재성을 측정할 뿐, 정의하지는 못하기 때문이다. 영재성은 곧 세계를 사유하고 이해하는 기존의 방식과 다른 방식을 고안해내는 힘이자, 끊임없이 의문을 갖고 질문하는 호기심 어린 시각이다.

과거 나의 저서들에서 밝힌 바 있는 이 영재성의 몇몇 일반적 특징들은 여성들에게서 극단적으로 나타나기도 한다. 과민성도 그중 하나이며, 이것은 내가 상담에서 가장 먼저 다루는 것이기도 하다. 여성 영재들은 가령 타인들의 감정, 소음, 빛 등 모든 것을 스펀지처럼 흡수한다. 그렇다고 여성들이 과민한 존재들이라고 말하려는 것은 결코 아니다. 여성들은 그저 자신의 감정이입 능력 때문에 고통받고 존재론적 우울감에 허덕이는 경우가 숱할 뿐이다. 물론 그 우울감에 이따금 마약 복용이나 자살에까지 이르는 경우도 있기는 하다. 여성들 중에는 예민하고 감정이입 능력이 높은 탓에 가족 중 누군가 학업 실패나 실업, 질병 등의 어려움을 겪으면 자기 일을 포기하면서까지 돕는 사람들도 있다. 하지만 결국 이 여성들은 바로 자신의 과민함 때문에 고독해지고 그 고독으로 고통받는다. 아니, 이는 고독 때문이 아니라, 사회관계가 극도로 부족한 자신의 상황 때문이라 하겠다.

여성 영재들의 고독은 대개 그녀들 안에 깊숙이 박혀 있다. 왜냐하면 그녀들은 태어날 때부터 불안과 지적·정신적 혼란, 인간관계에서의 패배감을 받아들이는 데 이골이 났기 때문이다. 그녀들은 부모를 기쁘게 하려고 신경 쓰며, 혹여 부모의 기분이 상할까 걱정한다(영재들의 걱정은 그야말로 가슴을 후벼 판다!). 한편 딸보다 아들의 성공을 위해 더욱 투자하거나 딸의 성공에 그만큼의 축하를 잊고 지나치는 부모 밑에서 자란 경우라면 자신이 이룬 결과에 더욱 더 만족하지 못하게 된다. 때문에 형제자매에 비해 불평등한 평가를 받았던 여성 영재들은 남성들과의 경쟁 상황에 맞닥뜨리면 곧바로 피하는 '반사 행동'을 보인다. 높은 권력을 잡은 여성들이 극소수라는 점도 바로 이 때문일 것이다.

그리고 이는 그녀들이 고독을 느끼는 이유이기도 하다. 그녀들은 모든 지적 교류와 풍부한 공유의 기회들을 차단한 채 자신에게 어울리지 않는 직장에 틀어박혀 스스로를 완전히 고립시킨다. 그리고 고통받지 않기 위해 누구와 어떠한 접촉도 하지 않으려 한다. 자신의 고독을 감추기 위해 더욱 더 자신을 고립시킨다. 전문직 영재들을 대상으로 스위스에서 시행한 연구에 따르면[3], 자기 확신에 있어더 큰 결핍을 보이고 스트레스에 훨씬 취약한 여성일수록, 그리고 자신이 설정한 일의 목표에 대한 각오가 부족한 여성일수록, 그 여성들의 고독은 더욱 깊어진다고 한다. 일반적으로 여성 영재들은 유연하고 복잡한 사고 때문에 자신이 남들과 다르다고 느낀다. 그리고 자신의 다름이 무엇인지 찾아내고 이해하는 데 누구의 도움도 받지 못하면 종종 공포에 가까운 감정에 빠지게 된다. 이에 대해서 과연 누가, 앞서 영재들 사이에서도 엄연히 성차별이 존재한다며 자신의 견해를 밝힌 이 젊은 여성보다 더 설득력 있게 설명할 수 있을까?

그녀는 "나는 지난 수년 동안 줄곧 고통스러웠다. 여섯 살 때 처음 우울증을 겪었는데 당시 나는 세상을 이해할 수 없었고 학교는 남들과 다르다는 이유로 나를 내쳤다. 나는 나 자신이 다른 사람들과는 너무나도 다르다고 느껴져서 내가 자폐아가 아닌가 생각하기도 했다. 그러다가 스물네 살에 아기를 가졌고, 나는 완전히 무너졌다……. 하지만 다시 일어섰다. 이제는 강해졌고 평정심도 되찾았다. 나는 아동 영재들을 돌보는 일을 한다. 이 아이들은 IQ가 150이 넘지만 글을 읽을 줄 모른다. (…) 그들이 부모와 관계를 회복하는

---

3 이 연구는 스위스 프리부르 대학교 마그릿 스탐(Margrit Stamm) 교육학 교수에 의해 시행되었다.

것을 볼 때면 나는 내가 꽤 쓸모 있다는 생각이 들어 얼마나 다행인지 모른다. 왜냐하면 아이들이 왜 그런 유별난 행동을 보이는지 그 이유를 설명하고 그들이 사회에 적응하는 데 필요한 여러 단계를 제시하는 것이 우리의 역할이기 때문이다. 그리고 나는 그 아이들이 스스로 일어서는 데 어쩌면 25년이라는 시간이 필요하지 않을 것이라고 생각한다."라고 말했다.

여성 영재들은 완벽주의적인 성향 탓에 자기 자신과 타인들에게 까다롭다. 개성이 지나치게 뚜렷하고 성격이 확고해서 남들에게 강압적이거나 엄격한 사람 또는 자기 확신에 가득 찬 사람으로 비추어진다. 여성 영재들은 여성의 전형적인 이미지를 깬다. 또한 그녀들에게서는 보통 사람들보다 거짓자기가 더 자주 나타난다. 타인의 기대에 부응하려면 거짓자기의 도움이 필요하다고 여기는 것이다. 하지만 이러한 그녀들의 생각은 당연히 확실하지도 않을뿐더러 대개 더 큰 고독을 초래하기도 한다.

지적 능력이 높은 여자들의 이유 있는 연기

일반 여성과 여성 영재 모두의 도전 과제는 자신의 참자기를 찾고 알리는 것이다. 다시 말해 사회나 주위 사람들의 판단과 관계없이 자신의 실제 능력들이 무엇인지 알아내는 것이다. 프랑스 소설가이자 시민운동가였던 시몬 드 보부아르(Simone de Beauvoir)는 바로 이

점을 수없이 강조했다. 그녀는 여성들이 극복해야 할 어려움은, 다르다는 이유로 자기 안에 갇히지 않는 것이라고 했다. 이는 언젠가 여성 영재들을 위한 인터넷 사이트에 한 여성 이용자가 적은 글처럼, '매력적인 바보들'이나 '치명적인 여성들'로 과장된 연기를 하지 않는 것을 말한다. 그녀는 "자신의 권리를 요구하거나 권리가 억압된 똑똑한 여성들은 사회적으로 더 잘 받아들여지기 위해서 가볍고 어리석은 계집애인 체하는 경우가 많다. 그러므로 그녀들에 대한 연구는 매우 흥미로울 것이다. 여성이 지성을 숨기고 여자답다고 하는 이미지를 내세우는 등의 태도를 보이는 것은 매우 깊고 뚜렷한 사회적 증상이다. (…) 그러나 나는 이 연구 대상을 결코 여성 영재들로만 제한되어서는 안 된다고 생각한다. 그렇다면 너무 한 쪽으로만 치우치는 연구가 될 것이다. 나는 오히려 바로 그 점에서부터, 남녀 모두의 지성이 어떻게 인식되는지에 대한 양적·질적 연구를 가능한 한 확장시켜야 한다고 생각한다. 남성의 지성이 남성에게, 여성의 지성이 남성에게, 남성의 지성이 여성에게, 여성의 지성이 여성에게 어떻게 인식되는지를 알아보는 연구로 말이다. 또한 지성을 인식하는 데 얼마나 많은 사회 구성 요소들이 개입하는지도 밝혀야 한다고 생각한다. (…) 그리하여야 성 평등을 위한 전쟁에서 무기로 삼을 만한 책이 나올 수 있을 것이다."라고 했다.

여성이 자신의 가치를 남성의 가치척도에 맞추려 할 때면 항상 문제가 발생한다. 여성은 이 때문에 종종 자신이 충분한 수준에 미치지 못한다는 느낌을 받고 자신의 직관을 과소평가하는 것이다. 실제로 자신이 다르다고 생각하는 여성 영재들은 이러한 문제들을 훨씬 더 크게 받아들인다. 그래서 더욱 더 자신의 다름 속에 갇히며 그로 인한 고독의 고통도 더 크게 느끼게 된다. 이는 그녀들이 가족이나 사회가 자신에게 투영하는 이미지에 영향을 받는다는 데서 그 이유를 찾을 수 있다. 그녀들 중에는 나에게 자신이 이원적인 욕망의 덫에 깊이 빠져 있는 느낌이라고 토로하는 경우도 많다. 한편으로는 자아실현을 이루고자 하는 욕망과 다른 한편으로는 가정을 이루고 돌보고 싶은 욕망 등 언뜻 보아서도 모순적인 욕망에 빠지는 것이다.

테스트 결과 자신이 영재라는 것이 밝혀지면 여성 영재들은 대개 두려움을 느낀다. 그 두려움은 고독에 맞서야 한다는 불안에서 기인하며, 그녀들은 고독이 곧 자신의 영재성이 내리는 벌이라는 것을 직관적으로 깨닫는다. 고독은 도미노 효과를 일으켜, 이 고독에 빠진 여성 영재들은 고립되고 기만당해 실패했다는 기분에 격하게 사로잡힌 채 그 감정들의 악순환에 빠진다. 그리고는 가령 미국 영화 속의 완벽하고 섹시하며, 위압적인 남성들에게 둘러싸인 여성들처럼 왜곡되고 한결같은 환상적 모델이 자신의 영재성에 응당하는 성공이라고 여기면서도 이 모델이 자신과는 전혀 관계없는 것이라고도 느낀다.

하지만 성공이란 자신의 재능에 따른 자아실현인 것이다. 여성 영재들의 지성과 창의성, 높은 감수성은 자녀를 양육하는 데 활용할 수 있고 가정을 형성하면서 무르익을 수도 있다. 고독에서 벗어나기 위한 가장 좋은 방법은 자기 자신을 위한 선택을 하는 것이다. 그러므로 선택할 때는 가장이나 남편, 자녀들의 긍정적인 반응에만 따라서는 안 되며, 자신의 인생과 욕망들에 대한 개인적이고 객관적인 평가를 기준 삼기보다는 자신이 실제로 바라는 것이 무엇인지를 생각해야 한다.

여성 영재들은 자신의 다름을 숨기고, 그 다름으로 더는 고통받지 않고자 남성들보다 더욱 가면을 쓰는 편이며, 그래서 자신의 숨통을 죄는 거짓자기를 키우는 경향이 강하다. 때문에 그녀들은 자기 자리를 찾고 참자기와 조화를 이루며 사는 데 어려움을 겪어 고독에 빠지기 쉽다. 여성 영재들의 고독이 특징적이라는 것도 바로 이 때문이다. 뿐만 아니라 그녀들 또한 다른 사람들처럼 외부 시선을 의식하는 데 익숙해서 자신의 독자성에 대한 외부의 판단들에 지나치게 무게를 두려 하고, 닮고자 하는 이상적인 모델들에 지나치게 집착하거나 모방하려 한다는 사실도 그녀들의 고독을 특징짓는 점이다. 참자기와 거짓자기라는 상반된 두 자기는 바로 이 때문에 만들어지는데, 이 두 자기의 대립은 이후 남성들보다는 여성들에게서 훨씬 자주 문제를 일으키게 된다.

그러므로 여성 영재들은 외부세계의 이론적인 개념들을 경계하고 문제 삼으면서, '그것을 원하는 사람이 바로 나인지', 아니면 '그것이 나의 어린 시절부터 세상이 나에게 강요하고 성공의 정점이라 가르쳤던 것인지' 자기 욕망의 근원을 고찰해볼 필요가 있다.

똑똑한 여자일수록 더 큰 고독감을 느끼는 이유

여성 영재는, 밀란 쿤데라(Milan Kundera)가 자신의 베스트셀러 소설 《참을 수 없는 존재의 가벼움(The Unbearable Lightness of Being)》에서 밝힌 다음과 같은 정의를 유념하고 자신에게 적용해야 한다. "여자로 사는 것, 이것은 사비나가 선택하지 않은 조건이다. 선택의 결과가 아닌 것은 장점이나 실패로 간주될 수 없다. 우리에게 강요된 상태에 대해서는 그에 대한 적합한 태도를 찾아야만 한다는 것이 사비나의 생각이다. 여자로 태어났다는 사실에 분개하는 것은 그것을 자랑스럽게 여기는 것만큼이나 그녀에게는 부조리하게 보였다."[4]

이렇듯 여성 영재들이 남성들보다 대개 더 큰 고독감을 느낀다는 점은 분명하다. 왜냐하면 그녀들 역시 여느 여성들처럼 관계를 형성하고자 하고 이를 중시하는 편이며, 친밀한 관계들을 좋아하고 이 관계들을 유지하려는 편이기 때문이다. 하지만 여성 영재들은 남녀 평등의 욕망과 자신이 남성뿐만 아니라 다른 여성들과도 다르다는 사실을 인정하는 것 사이에서 다른 사람들보다 훨씬 더 팽팽한 갈등을 느낀다. 그 갈등이 주는 긴장 상태를 극복하고 모든 것을 하나로 엮는 것은 어쩌면 여성 영재들의 몫일 것이다. 신분, 학력, 사회경제적 지위를 막론하고 모든 여성은 결국 다 거기서 거기고 똑같이 행동할 뿐이라는 등의 편협하고 집단적이며 여성에 대한 '본질주

---

4   밀란 쿤데라, 《참을 수 없는 존재의 가벼움》, 이재룡 역, 민음사, 2009

의적인' 시각이 퍼질수록 여성 영재들은 더욱 고통스럽고 단절된 경험을 하게 된다.

이러한 불편한 시각은 오늘날 미디어가 전파하는 완벽한 여성의 이미지 때문에 더욱 심화되고 있다. 미디어는 오로지 아름답고 젊은 여성(젊을수록 좋다), 신체적으로 우월하고 뛰어난 연애기술을 부리며 성적 상상력을 자극하는 매혹적인 여성, 그리고 가능한 한 많은 수 컷들을 정복할 수 있는 능력을 지닌 섹시한 여성만을 완벽한 여성이라고 정의하고 있다. 직장에서의 완벽한 여성 또한 미디어가 만든 이미지 그대로다. 그래서 사람들은 완벽한 여성이 강압적인 포식동물 같다고 생각하며, 그 여성 또한 이 사실을 자랑스럽게 여긴다.

이러한 시각 때문에 여성들은 남성들과의 모방경쟁뿐만 아니라 여성들 사이에서도 모방경쟁을 하기에 이르렀다. 또한 남성을 다양한 개인의 합이 아닌 패러다임이라 여기며, 사회 구성에 여성들을 고려할 수 있었음에도 그러지 않았던 입법자들에 대해 페미니스트들이 비난했던 것처럼, 남성을 억압적이고 소외감을 야기하는 총체로서 여기게 되었다. 그러나 이처럼 남성과 여성을 왜곡하고 극도로 구분해 서로에 대해 극단적인 자세를 취하는 것은 무시무시하게 급변하고 있는 오늘날의 모든 다름을 부인하는 것이자, 여성들이 사회나 문화가 교묘히 만든 정신적 탄압의 대상일 뿐이라고 단언하는 것이다.

그들을 결코 충분히 만족시킬 수 없다

나는 임상의로서 일하면서, 여성 영재들이 고통을 호소할 때 연인 관계에서 오는 고독과 소울메이트를 찾는 데 따른 어려움을 자주 언급한다는 사실을 알 수 있었다. 과연 여성 영재들이 이러한 고독을 쉽게 치유할 수 있을까?

여성 영재들은 친구의 기대에 부응하기 위해 은연중 다양한 전략을 펼치지만 그것이 항상 성공하는 것은 아니다. 그래서 서로의 우정에는 빠르게 금이 간다. 왜냐하면 상대방은 그녀들의 행동이 자연스럽지 않다고 느끼기 때문이다. 즉 여성 영재들은 사회조직에 원만히 동화되기 위해 차용한 '거짓자기'로 인해 타인에게 오히려 위선자나 진정성이 결여된 존재로 느껴지게 된다. 이때 상대방은 여성 영재들에 대해 두려움이라는 또 다른 감정을 느끼기도 한다. 이 과민한 여성 영재들의 공감 능력이 너무나도 뛰어나 오히려 두려움을 주는 것이다. 그녀들은 대개 사랑을 할 때면 적당한 거리를 찾는 데 어려움을 겪는다. "나는 과민하고 지나치게 감정이입을 해서 고통받았다. 그리고 돌려받기를 바라지 않고 그저 베풀기만 해서 고통받았다. 이 고통 안에서 지금까지 나는 우울과 광기를 느껴왔다." "아직까지도 타인에게 적응한다는 것이 나에겐 매우 고통스러운 일이다."

여성 영재들은 보통 직장생활 동안 맺게 되는 정서적 관계들에서 결핍을 느끼면 끝없는 고통에 시달리게 된다. 그녀들은 이 결핍 때문에 끊임없이 자기를 과소평가하고 거짓자기라는 은신처를 만들게 된다. 이 거짓자기는 인위적으로 만든 인격이기에 힘겹고, 이 가면이 자신의 숨통을 죄어도 그녀들은 세상에서 자신을 보호하기 위해 기꺼이 이 가면을 쓴다. 하지만 이것은 자의식이 유익한 방향으로 발달하는 것을 막는다.

연인 관계에서도 가장 해로운 것은 역시 거짓자기라고 할 수 있다. 여성 영재들은 원하는 상대방에게 사랑받기 위해 뭇 여성들처럼 많은 노력을 기울인다. 그래서 연인이 자신에게 바라는 모습대로 되고자 노력한다. 하지만 결국 자신은 상대가 바라는 욕망에 응할 수 없다고 생각할뿐더러, 자기 자신이 해온 지난한 노력들에 스스로 지치게 된다. 그래서 여성 영재들은 상대에 대해 신뢰감이나 안도감을 느끼지 못하고, 사회생활과 직장생활의 압박감 속에서 적극적으로 쇄신의 노력을 기울였음에도 어떠한 만족감도 얻지 못한다. 이 경우, 매일 조금씩 자기 자신을 잃어가고 있다는 느낌과 사랑하는 존재를 잃을지도 모른다는 상실의 두려움 속에서 연인 관계는 점차 악화된다.

하지만 이와 상반된 특성도 있다. 여성 영재들은 사랑의 전략을 세우는 과정에서 남성들의 역할을 약화시키기도 한다. 이 여성들은 나이를 불문하고 남편과 친구, 애인을 고를 때 신중하게 관찰한다. 그리고 끈기를 발휘하여 오랜 숙고 끝에 누군가를 선택한다. 그녀들은 자신의 이러한 스타일을 숨기지 않는다. 그래서 많은 남성들은 여성 영재들과 사랑이라는 게임을 하면서 더 이상 자신이 이를 주도하지 못한다고 느끼는 것이다.

여성 영재들은 친구들에게 그러는 것처럼 사랑하는 사람에게도, 자신의 지적 수준과 신속함, 불만족하는 만성적 성향에서 비롯한 많은 요구들을 한다. 그래서 상대방을 거북하게 하고 심지어 불화를 초래하기도 한다. 더욱이 영재들이 반응하는 모습을 살펴보면 꽤 거칠다고 느껴지기도 하는데, 이는 그들이 요약해서 대답하거나 서론은 생략하고 바로 본론으로 들어가는 습관 때문이다. 그들이 무정하거나 퉁명스럽게 말한다고 느껴지는 것도 본래 솔직하기 때문이다. 이는 많은 여성 영재들에게서 나타나는 특성이기도 하다. 또한 그들은 자녀를 가지는 데 대한 막연한 공포가 있다. 미래의 자녀에게 몸과 마음을 바쳐 헌신할 수 없을 거라는 불안감이나, 자녀의 미래에 악조건들이 있을지도 모른다는 막연하고 만성적이며 실존적인 우울과 불안감 또한 가지고 있다.

실은 대부분의 여성 영재들은 다른 무엇보다도 사랑이라는 영역에는 쉽게 가담하고 싶어 하지 않는다. 그녀들은 곧잘 자기를 희생하려 들지 않는다. 그러나 이는 그녀들이 여느 여성들처럼 사랑하는 남자의 어깨에 기대고 싶은 욕망과 쾌락을 느끼지 않는다는 것이 아니다. 영재 여성들은 불만족스런 대상이 아닌 이상적인 사랑에 자신을 내던지는 경향이 있다. 영재들은 천성적으로 완벽주의적인 성향을 띠기 때문에 영재 여성은 연인에게 특히 까다로워지는 것이기도 하다.

우정과 사랑에서 절대적 갈증을 느끼는 여성 영재들은 상대방이 자신을 위로하고 자신에게 고마움을 표하기를 바라고, 그가 오랫동안 이 관계를 이어갈 것을 맹세하기를 원한다. 그러면서 항상 연인이나 친구들이 자신에게 하는 애정 표현이 충분하지 않다고 생각하며 결코 만족하지 못한다. 한편 여성 영재들은 자신이 감정적으로 쉽게 격앙된다는 사실이 일반적이지 않다는 것을 알게 되면 다음과 같은 성급한 결론 뒤에 숨어버릴지도 모른다. "그는 나처럼 열정적으로 사랑을 표현하지 않는다. 그러니 그는 나를 사랑하지 않는 것이다." 하지만 사랑하는 사람의 아주 사소한 행동에 대해서 그것이 그가 자신을 사랑하지 않는다는 방증이라며 성급히 결론을 내릴 필요는 없다.

여성 영재들의 지적·정서적 욕구는 쉽게 채워지지 않는다. 더욱이 세상을 향한 그녀들의 호기심도 결코 마를 일이 없다. 많은 여성 영재들은 상대가 자신의 지적·정서적·감정적 욕구들을 채워주기를 기다리지만, 상대는 자신보다 지적 수준이 높든 낮든 관계없이 이러한 압박감 속에서 지칠 수 있다.

그러므로 여성 영재들은 우정과 사랑의 관계를 쌓기 시작할 때 상대가 편안할 수 있도록 반드시 관심을 기울여야 한다. 또 하나 매우 중요한 점은 그녀들의 미래 남편이나 동반자가 충분한 자아존중감을 지니고 있어야 한다는 것이다. 또한 그녀들에게 경쟁심을 느끼거나 그녀들이 자신을 시험대에 올린다고 생각하지 않아야 한다. 그래야 두 사람은 서로에게 자유를 보장할 수 있게 된다. 여성 영재들은 육체적 끌림과 사랑의 감정만으로 동반자를 선택하기에 앞서, '열정의 대상'이 자신의 요구를 완벽히 충족시키지 못할 것이라는 점을 반드시 고려해야 한다. 더욱이 자신이 선택한 동반자의 지적 능력이 객관적으로 훨씬 열등할 때는 말할 것도 없다.

9
혼자 설 수 있는 능력의
뿌리는 무엇일까?

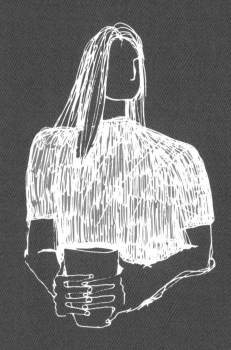

필립 베르니에(Philippe Vernier)는 자신의 가설에서 "뇌는 직접적 환경과 상호작용을 하며 형성되는데, 그중에서도 특히 대인관계로 인해 형성되는 부분이 크다."라고 강조했다. 이를테면 뇌 발달의 결정적인 시기에 사회적 기능을 관장하는 뇌 영역들의 형성과 그 영역들이 서로 연결되는 방법은 부모와의 교류뿐만 아니라 기타 가족 구성원들, 그리고 선생님들처럼 어떻게 보면 가깝다고 할 수 있는 외부자들과의 교류의 질에 달려 있다는 것이다.

나는 고독에 맞서고 고독을 고통이 아닌 긍정적인 것으로서 경험하기 위한 도구들을 소개할 것이다. 하지만 이에 앞서 고독감의 근원, 즉 타인이나 세상과 관계를 맺는 데 신생아기 · 유아기 때부터 발현되는 개인의 능력이 무엇인지 살펴볼 필요가 있다. 왜냐하면 모든 것이 바로 그 시기에 달려 있기 때문이다. 이는 심리학자 피츠휴 도드슨(Fitzhugh Dodson)이 쓴 유명한 저서들 중 한 권의 프랑스 판 제목이 밝히고 있는 바와도 같다.[1]

개인 심리발달의 가장 중요한 두 가지, 분리불안과 목적상실불안

정신분석은 개인의 심리발달에서 분리불안과 목적상실불안의 역할이 중요하다는 점을 강조하고 있다. 그러니 만약 개인이 이 두 가지 불안을 모두 느낀다면, 그는 감정 과잉으로 인해 향후 고독에 맞설 수 있는 능력을 불균형하게 형성할 위험이 있는 것이다.

분리불안은 버려질까 봐 두려워하는 마음일 뿐이다. 지그문트 프로이트는 이를 모든 정신적 고통의 원천이라고 했다. 분리불안은 아동이 자신이 어머니와 타인들과 다른 존재이면서도 그들에게 유일하고 독자적인 존재라는 것을 깨달았을 때, 그리고 그들이 자신과

---

1 Fitzhugh Dodson, 《How to Parent(1970)》는 프랑스어로 《Tout se joue avant 6 ans (모든 것은 여섯 살 이전에 결정된다)》, Marabout, 2013로 번역되었다.

다르다는 것을 깨달았을 때 나타난다. 그리고 바로 이 분리감에서 아동은 자신의 정체성을 만들어가기 시작한다. 그래서 프로이트의 말처럼, 자신이 바라보고 사랑하며 거부하거나 욕망하는 객체에서 자기 자신, 곧 주체를 구분하게 된다.

이리하여 아동은 자신이 어머니와 영원하고 완전한 공생관계에 있지 않다는 사실을 깨닫는다. 그리고 자신이 개별적인 존재이며, 그렇기 때문에 어머니에게서 분리될 수 있다는 사실을 알게 된다. 분리불안은 정신 형성 과정에서 발현되는 온전히 정상적인 감정으로, 자신의 애착 대상과의 애정 관계가 깨질 수 있다는 느낌을 받으면 성인에게서도 무의식중에 나타나는 것이다. 우리는 일 때문에 잠시 떨어져 있거나 자녀를 조부모에게 맡기는 등의 일시적 단절을 분리라고 하며, 그 분리가 완전한 이별이 되는 경우에는 상실이라고 한다. 하지만 불안을 겪고 있는 사람이 분리와 상실을 세세히 구별하기란 어렵다. 만약 누군가 분리불안을 겪고 있고 그 징후들이 드러나고 있다면 그는 상실과 같은 수준의 격한 불안을 느끼고 있는 것이다.

지그문트 프로이트의 말처럼 인간 본원의 분리불안은 결코 사라지지 않는다. 분리불안은 애정이 단지 일시적인 감정이며 분리가 항상 고통스러운 감정을 야기한다는 경험을 통해 우리가 일평생 깨달은 것에서 생겨난다. 또한 어머니의 뱃속에 있던 태아 시절에 대한 영원한 향수, 그리고 그 시절에 느꼈던 편안한 감정을 갈망한다. 하지만 분리불안이 언제나 부정적인 것만은 아니다. 우리는 이 감정을 통해 타인과의 관계에서 단독적 자아를 구성하기도 한다.

그럼에도 불구하고 사람들은 사는 동안 이 불안에 쉽게 맞서지 못한다. 왜냐하면 분리의 상황에는 무한히 많은 주관적·객관적 요인들이 있고, 이 상황에서 느끼는 한낱 괴로움에서부터 깊은 절망까지의 다양한 감정들 사이에는 셀 수 없을 정도로 많은 미묘한 차이가 있기 때문이다. 대부분의 정신과 의사들이 분리불안을 곧 병리학적 장애들의 주요한 근거이자 수많은 심신증의 원인으로 보는 이유도 바로 이 때문이다.

건강한 관계 맺기의 근본적인 뿌리, 애착이론

분리불안을 더 잘 이해하기 위해서는 먼저 정신분석학에서 애착이론이라는 것을 살펴볼 필요가 있다. 이 이론은 제2차 세계대전이 끝날 무렵 영국 정신분석가 존 볼비(John Bowlby)[2]가 내놓은 것이다. 존 볼비는 멜라니 클라인의 제자로, 아기의 기본 욕구는 다른 사람과의 관계를 형성하는 것이며 이는 아동의 발달에 매우 중요한 역할을 한다고 강조했다.

그는 아기의 애착 욕구가 먹고 마시는 욕구만큼이나 강하다고 보

---

2 John Bowlby, *Attachement et perte*, PUF, 2002; *Amour et rupture, Les destins du lien affectif*, Albin Michel, 2014.

았으며, 이 때문에 아기는 충동적 존재가 아닌 '관계의 존재'라고 정의하기도 했다. 그는 아기가 느끼는 행복의 결정적인 요인이 가장 먼저 어머니와의 신체적·정신적 접촉에 있고 그 다음으로 주변인과의 신체적·정신적 접촉에 있다고 보며, 아기에게는 어머니의 젖과 타인과의 신체적·정신적 접촉에 대한 내재적 욕구가 존재한다고 결론지었다. 볼비는 이를 증명하기 위해 신생아가 주변인들, 그중에서도 단연 어머니와 형성하는 관계를 주제로 하여 초기 연구에 착수했다. 그 결과 애착이론의 기초들을 세울 수 있었다. 이에 정신분석가 에디트 골드베테르 메랑펠드(Edith Goldbeter Merinfeld)는 존 볼비가 "영아는 누군가, 즉 자신의 '안전기지(secure base)'에 애착을 갖는 것이 중요하다. 이를 통해 영아는 자신이 성장하고 자율성을 확립하는 기초를 마련하게 될 것이라고 강조"[3]했다고 요약하기도 했다.

이런 식으로 볼비는 정신분석의 영역에서 애착의 개념을 도입했다. 이후 이 개념은 애착 대상에 다가가려 노력하는 개인의 행동을 의미하게 되었다.

애착이론에 관한 연구를 통해, 우리는 안정적이고 균형잡인 토대 위에서 애착을 형성했는지 아닌지의 여부와, 그 애착 대상이 우리에게 어떤 병리학적 분리불안감을 유발했는지가 조기 유년기에서부터 삶의 끝까지 우리 자신을 고독하게 하는 주요 요인이라는 것을

---

3 Edith Goldbeter Merinfeld(브뤼셀 자유대학교 심리학 박사), 《Les premiers liens de l'enfant. Attachement et intersubjectivité》, *Cahiers critiques de thérapie familiale et de pratiques de réseaux*, Bruxelles, 2005.

어렵지 않게 이해할 수 있다.

사람들이 애착이론을 어떠한 이견 없이 수용했다고 생각한다면 오산이다. 페미니스트 운동가들은, 여성의 역할을 어머니로 축소하고 어머니의 임무를 동물적 본능이라는 정의로 엄격히 제한하는 것을 비난하면서, 애착이론에 매우 저항했다. 또한 수많은 정신분석가들은 아기의 '블랙박스'[4]와 경험이 '정신 내적' 지각작용으로 형성된다고 주장하면서, 애착이론을 격렬히 비판하기도 했다. 그러나 1958년 이후 애착이론은 프로이트의 정신분석을 넘어서, 어머니와 자녀의 관계가 사실 영양섭취의 충족과 성적 만족감에서 비롯되는 것이 아닐뿐더러, 단순히 영아 시절 어머니에게 감정적으로 의존한 결과도 아니라는 점을 강조했다. 어머니와의 '애착'은 그 이전에 생겨나는 원초적인 것이다. 이에 대해 프랑스 사학자 장 들뤼모(Jean Delumeau)는 "애착은 타인과의 관계를 추구하는 인간의 가장 원초적이고 영속적인 경향의 증거이다. 그러므로 인간의 사회적 특성은 곧 인간의 생물학적 특성인 것이며, 인간은 타인과의 관계 속에서 애착이라는 감정을 깊이 뿌리내릴 것이다."[5]라고 했다.

그러므로 어머니의 사랑 또는 자신이 속한 무리에서 정상적인 관계들을 충분히 맺지 못하는 아동은 사회 부적응자가 될 위험이 있고, '관계 유지하기'라는 목적을 실현하지 못한 채 마음속 깊이 극심

---

4 인간의 무의식을 의미한다ㅡ역주
5 Jean Delumeau, *De la peur à l'espérance*, Robert Laffont, 2013.

한 불안정감을 느끼며 살아가게 될지도 모른다. 그리고 사회학자 가스통 부툴(Gaston Bouthoul)이 말한 것처럼 "다모클레스의 콤플렉스[6] 같은 불안정감은 공격성의 원인이 되는 것"이다.

사람은 태어나면서부터 주위 사람들과 친밀하고 사회적인 관계를 맺는 것을 매우 중요하게 생각하고 이것을 강렬히 추구하는 방향으로 움직인다. 이러한 볼비의 이론에 따라, 정신분석의 관찰 영역도 정신 내부에서 정신 간(間), 즉 사람 간으로 바뀌었다. 그리고 이때 사람들이 추구하는 관계 형성이란, 성욕이나 자기보존(autoconservation) 욕구를 충족하는 데 부차적인 것이 아니라 가장 중요한 것이다.

정신분석은 더 이상 환영적 세계의 현상만을 다루지 않고, 이제는 실제 주변 환경이 개인의 발달에 미치는 효과까지 고려하게 되었다. 또한 정신 질환을 겪는 사람들이 유년기 때 애착 욕구를 충족하지 못했거나 '애착 대상'을 찾을 수 없는 환경에서 성장했는지 의문을 제기하기도 했다. 정신분석가들이 다모클레스 콤플렉스라고 부르는 것도 이 애착 개념으로 설명할 수 있다. 학대를 받는 사람이나 받는다고 느끼는 사람은 학대의 두려움 때문에 오히려 자신이 학대자가 되려고 하는데, 굴리엘모 페레로(Gugliemo Ferrero)는 이러한 사람이 느끼는 두려움을 다모클레스 콤플렉스라고 했다. 이것은 자

---

6 권좌(權座)는 한 올의 말총에 매달린 칼 아래 앉아 있는 것처럼 위험한 것이라는 점을 빗댄 서양 속담으로, 절박한 위험을 상징한다―역주

신의 안전이 위협받는다고 느끼는 사람이 방어 욕구와 더불어 공격에 대한 필요성을 느낀다는 사실로 설명할 수 있다.

이는 아델린의 편지에서도 잘 드러났다. 그녀는 끊임없이 불평하며 자신의 고독감을 상쇄시켜줄 타인을 찾고 부모나 가족, (자신에게는 없는) 친구 등을 자신이 겪는 고독의 속죄양으로 삼고자 했다. 왜냐하면 자신의 성공과 행복을 막고 삶의 공간을 찾는 일을 방해한 것을 타인의 탓으로 돌려야 했기 때문이다. 이렇게 애착 개념은 자기 자신과 자신의 안전을 위협한다고 느끼는 상황에서 특정인을 찾는 인간의 모든 행동으로 확장되었다. 그 결과 애착은 곧 사람들이 타인들에게 적응하는 데 근본적인 역할을 하며 인간 본원의 사회적 욕구를 이루는 것이 되었다.

앞서 언급한 신경과학과 '거울 뉴런'의 발견들로 볼비는 고독감 때문에 비탄에 빠지는 것이 사실상 생물학적 작용의 결과라고 한 자신의 가설을 매우 신중하게 뒷받침할 수 있었다.

하지만 신경과학계의 발견들은 사람이 고독감 앞에서 불평등한 이유에 대해서는 설명해주지 않는다. 왜 누구는 고독에 더 관용적인 것처럼 보일까? 심지어 피아니스트 글렌 굴드처럼 고독을 삶의 방식으로 택하는 사람들도 있는데, 왜 어떤 사람들은 고독을 극도로 꺼리며 이를 피하기 위해 하루 일정을 빡빡하게 채우기까지 할까? 남들보다 이타적인 사람들에 대해서는 어떻게 설명할 것인가? 왜 그들은 타인들을 살리기 위해 자기보존과 생존의 본능을 거스르면서까지 자기 목숨을 거는 것일까? 어떤 사람들은 연인 간에도 고독의 시간이 필요하다고 말하고, 또 다른 사람들은 상대와의 일시적인 분리조차도 겁을 먹는 것은 왜일까?

제롬은 "나는 내가 집에 있을 때 아내가 잠시라도 외출을 하면 견딜 수가 없다. 아내가 귀가 시간보다 15분 이상 늦게 들어올 때도 불안감을 억누르지 못한다. 참아보려 했지만 어쩔 수 없었다. 아내가 사고를 당했을 거라는 상상이 최선의 경우이고, 최악의 경우 아내가 바람을 피운다고 상상한다. 그래서 다시는 돌아오지 않을 거라는 생각, 아니면 다른 사람과 이미 새출발을 하고 있다는 생각에 다다른다."라고 고백했다.

이 모든 질문들에 답하는 것이 바로 정신분석의 몫이다. 또한 임상의들만이 치료나 분석치료를 통해서 이 질문들에 답을 줄 수 있을 것이다.

사람들은 유년 시절의 결핍이나 긴장 관계에 평생 영향을 받는다. 그리고 그 시절 겪은 긴장 관계는 이후 형성되는 관계들의 질과, 분리와 상실의 불안에 저항하는 힘을 결정할 것이다. 이렇듯 애착 개념은 어떤 면에서는 대인관계지능과 감정지능의 기반 그 자체이기도 하다.

우리는 시카고 대학교 연구진이 애착이론에 대해 보다 심도 있게 진행한 연구를 살펴보았다. 연구진은 만성적 고독이 뇌 형성에 영향을 미칠 수 있다고 밝혔고, 이후 필립 베르니에(Philippe Vernier)는 자신의 가설에서, 유아기부터 청소년기가 끝날 때까지 "뇌는 직접적 환경과 상호작용을 하며 형성되는데, 그중에서도 특히 대인관계로 인해 형성되는 부분이 크다."[7]라고 강조했다. 이를테면 뇌 발달의 결정적인 시기에 사회적 기능을 관장하는 뇌 영역들의 형성과 그 영역들이 서로 연결되는 방법은 부모와의 교류뿐만 아니라 기타 가족 구성원들, 그리고 선생님들처럼 어떻게 보면 가깝다고 할 수 있는 외부자들과의 교류의 질에 달려 있다는 것이다. 그리고 가정과 사회 환경 내에서 이 교류와 관계들이 형성되고 작용하는 방식은 언어와 계산 능력을 형성하는 데도 영향을 준다. 또한 아직 완전히 밝혀지지는 않았지만, 이는 틀림없이 자아와 개인의 성격을 형성하는 데도 작용하며, 타인의 감정을 지각하고 거기에 적절하게 대응하는 능력에도 영향을 준다. 더욱이 기억의 특정 형태들을 비롯해 개인의 삶과 행동의 동기에도 영향을 끼친다. 즉 타인들과의 관계들이 곧 개인의 행복을 비롯해 이성적·창의적·정서적·대인관계 등 모든 형태의 지능과 그 지능의 성숙을 보장하는 것이다.

한편 개인이 타인과의 상호 관계들에서 얻는 안정감 너머에는 애착의 다양한 모습들이 존재한다고 할 수 있다. 이는 우리가 관계를 맺은 타인에게 빨리 적응하고 신속하게 대답하며 그의 말을 주의 깊게 듣고 그의 성격과 상황에 맞추어 섬세하게 반응해야 한다는 사실로 설명할 수 있다. 우리가 타인과 관계를 만들어가며 사회성과 모든 형태의 지능을 동시에 발달시킬 수 있다고 하는 것도 바로 이

---

7   필립 베르니에는 프랑스 국립과학연구소(CRNS) 소장이자 파리-사클레 신경과학연구소(Neuro-PSI) 소장이다.

때문이다.

유아기 때 결핍을 겪은 경험 때문에 사회에 적응하지 못하는 사람은 자기만의 세계에 틀어박히는 경향이 있다. 이러한 사람은 사회에서 자신이 불리하다는 것을 깨닫고는 자기 자신을 보호하기 위해 사회에서의 고립을 택하기도 한다. 그러면 그는 고독에 빠져 극도의 고통을 경험하고, 그 고통은 자신이 이해받지 못하고 거부당한다고 느끼면서 더욱 심화되는 것이다. 오늘날 어떤 신경과학자도, 유년 시절이나 이후 수년 동안 사회적으로 상호작용을 하지 못한 사람이 성인이 되면 고독을 극심한 고통으로 느낄 수 있다는 사실에 어떠한 의심도 품지 않는다. 이는 정신의학이 오래전부터 진전시키고 연구해온 것이기도 하다.

더욱이 신경학자 필립 베르니에는 자신의 모든 연구에서 사회관계가 매우 중요하다는 사실을 주장하고 분석을 통해 이를 증명하며, 청소년들이 휴대폰이나 컴퓨터, TV를 과용하는 것, 특히 이것들을 학습 수단으로서 사용하는 것이 매우 위험하다고 고발했다. 그는 "사람을 통한 학습과 교육을 대체할 수 있는 것은 없다. 왜냐하면 선생님과의 관계를 통해 학생은 주의력과 학습 동기를 얻을 수 있을 뿐만 아니라, 움직이지 않는 책이나 화면 등의 정형화된 학습 도구들과 달리, 선생님은 학생에게 엄격할 수 있기 때문이다. 이는 청소년들이 영상 화면을 통해서보다 선생님에게 직접 배울 때 더욱 빠르고 효과적으로 학습한다는 것을 통해서도 드러난 사실이다. 또한 사회적 상호작용의 질과 양이 성인의 뇌 작용과 뇌 가소성에도 끊임없이 영향을 주는 것으로 나타난다."라고 했다.

　이러한 이유로, 엄밀히 말해 신경학적인 관점에서 보면 체계화된 고독은 해로운 것이다. 게다가 우리는 앞서 고독이 초래하는 공중보건의 위험에 대해서 살펴보기도 했다. 한편 심리학적 관점에서도 고독은 해로운 것이다. 신경과학 전문가들은 홀로 화면 앞에 앉은 사람들이 증가하는 현상과 사회적 상호작용들이 가상 교류들로 축소되어 새로운 형태의 고립들이 출현하는 상황에 인간과 인간의 뇌가 적응할 수 있다는 생각은 터무니없는 것이라고 주장한다. 새로운 고립의 상황들은 결핍과 유기, 우울이라는 현상만 만들어낼 뿐이다. 그리고 바로 이 때문에 현대인들은 보편적으로 고독을 느끼고 환멸에 빠져 불평하며, 사회적으로는 결집현상(해피아워, 볕이 잘 드는 테라스나 강변에 자리 잡는 것)이 출현하는 것이다. 이는 사람들이 서로 수다를 떨며 즐거운 순간을 공유하고 싶은 마음이 욕구인 것처럼, 타인과 함께 있는 즐거움도 사실 인간의 욕구이기 때문이다. 그래서 우리는 친구들과 만나 커피를 마시고 식사를 하거나 여행 계획을 세우는 것이다.

애정 관계 발달의 네 단계

나는 아델린과 분석치료를 시작할 수 없었다. 만약 사회심리학을 연구한 두 학자 제이프만(Zeifman)과 하잔(Hazan)이 1997년 연인 관계에 대해 정립한 이론들을 아델린과 함께 확인해보았다면 분명 매우 흥미로웠을 텐데 말이다. 이 두 학자는 청소년들과 청년들을 관찰해 성인의 애착 형성 모델을 만들었다. 그들의 연구는 부모-자식 관계를 지배하는 정서발달 체계가 성인의 애착 현상을 유도한다는 원칙에서 출발했다. 그리고 연인 관계에서 성인의 말과 행동의 암호를 풀어줄 이론적 열쇠를 제시했다.

제이프만과 하잔은 볼비의 이론을 바탕으로 연구를 진행했다. 우선 볼비에 따르면 모든 사람은 애착 욕구 때문에 스스로에게 근본적인 질문을 던진다고 한다. 이 애착 대상을 어머니라고 가정해보자. 어머니는 친밀하고 쉽게 다가갈 수 있는 사람인가? 어머니는 세심한 사람인가? 만약 자녀가 '그렇다'라고 인지하고 있다면, 그 자녀는 자신이 어머니에게 사랑받고 있으며 안전한 상황에 놓여 있다고 확신하는 것이다. 이러한 자녀는 자연스레 주변 세계를 탐험하고 타인들과 교류하며 사회적 인간으로서 세상에 나설 준비가 된 것이다.

만약 자녀가 이에 '그렇지 않다'라고 인지한다면, 그 자녀는 불안을 느끼고 있는 것이다. 그래서 결국 성장하는 동안 어머니와 떨어지기라도 하면 최선의 경우 초조하게 어머니를 찾아대고, 최악의 경우 고함을 지르거나 무서워서 울음을 터뜨리게 된다. 이렇게 '그렇지 않다'라고 답하는 자녀가 이후 사회관계 속에서 보이는 행동에는 다양한 수준의 불안이 고스란히 녹아 있다. 이 불안은 그가 어린 시절 겪었던 분리나 유기에 대한 불안이 표출되는 것이며, 그의 자녀들에게 그대로 대물림되기도 한다.

제롬이 상담 중 깨달은 것도 바로 그 점이다. 그는 "부모님은 아주 일찍 이혼했다. 아버지가 공무원이어서 내가 어렸을 때 우리는 자주 이사를 다녔다. 나는 항상 혼자였고 친구들을 사귀는 게 어려웠다. 그런데 내 아들이 여덟 살이 되어 학교에 다니기 시작하고 얼마 안 될 즈음, 어느 날 저녁에 자기는 친구가 없다고 말하는 것이었다. 순간 나는 조바심에 휩싸여 수많은 조언으로 아들을 위로하면서, 여러 가지 방과 후 활동에 등록시켜주겠다고 약속하고 있는 내 모습을 발견했다. 나는 아들이 내가 어렸을 때 겪었던 고독만은 절대 경험하지 않기를 간절히 바랐다. 하지만 곧 아들의 말을 듣고 놀랄 수밖에 없었다. 아들이 '아니, 괜찮을 거예요. 나에게도 계획이 있어요. 토마스는 가라테 수업에 가고 줄스는 우리 집 근처에 사는데 학교에서 걸어와요. 다 지나갈 일이고 다 잘 될 거예요.'라고 말하는 것이었다. 아들은 그 문제를 나처럼 겪지 않는데 나는 아들에게 내가 겪은 것을 밀어붙일 참이었던 것이다."라고 말했다.

볼비의 제자였던 정신분석가 메리 에인스워스(Mary Ainsworth)는 이 사실을 뒷받침할 근거를 찾았다. 그녀는 부모와 분리된 아동의 태도들에 대한 체계적인 연구에 착수하는 데 몰두했다. 메리 에인스워스는 100명의 아이들을 대상으로 '낯선 상황'이라 명명한 테스트를 실시했는데, 오늘날 이 실험은 부모에 대한 자녀의 애착의 질을 측정하는 준과학적인 척도가 되었다. 실험은 단칸방에서 이루어졌으며, 부모는 생후 12개월 아기를 두고 자리를 비웠다가 10여 분 후에 다시 돌아오는 식으로 진행되었다.

실험 결과, 부모가 방을 떠나자 아기들 중 60%가 볼비의 이론처럼 두려움을 표출했으나, 부모가 돌아오자 안도하면서 부모의 부재로 인한 불안에서 빠르게 진정되는 모습을 보였다. 이 아기들은 '안정 애착' 부류에 속한다. 반면 20%에 조금 못 미치는 아기들은 부모가 방을 떠나자 몹시 불안해하고 떨어져 있는 내내 고통의 신호들을 보냈다. 그리고 부모가 돌아와도 잘 달래지지 않았고 위로에 대한 욕망과 자기를 두고 가버린 부모에게 응징하고자 하는 욕망을 동시에 내비쳤다. 이 아기들의 경우는 '불안정 애착' 부류에 속한다. 마지막으로 세 번째 부류는 회피하고 도피하는 태도를 보였다. 이 '회피 애착' 부류의 아기들은 부모와의 분리에도 괴로워하지 않았고 부모와 다시 만나서도 그에게 위로받고자 하는 욕망을 내비치지 않았으며, 오히려 실험실에 있는 장난감들에 관심을 보이기도 했다.

이렇게 메리 에인스워스는 경험적 연구를 통해, 부모와 갑작스러운 분리를 겪는 아이들에게서 나타나는 세 가지 태도들을 밝혀낼 수 있었다. 그녀는 이 각각의 태도에 대해, 아기가 생후 초기 수개월 동안 부모와 형성하는 유대의 성격에 따라 나타나는 결과라고 밝혔다. 그리고 신뢰감이나 불안감이 사회관계나 연인 관계 등의 모든 대인관계에서 나타나는 행동의 핵심일 것이라고 말했다.

이 사실에 입각해 정신의학자 하잔과 심리학 박사 셰이버(Shaver)는 연인 관계가 아기-애착 대상의 관계와 동일한 변화를 거친다고 주장하며, 연인 관계 또한 아기가 애착 대상을 어머니로 구체화하기 위해 경험한 네 가지 필수 단계를 거쳐 형성된다는 것을 증명했다.

다시 말해, 그 단계를 모두 거쳐야만 비로소 연인 관계에 있는 각 개인이 안전기지의 역할, 쉽게 말해 평안하고 만족스러운 부모-자식 관계에서 아버지와 어머니가 자녀의 발달을 위해 수행한 역할을 할 수 있게 되는 것이다.

한편 하잔과 셰이버는 연령대가 다른 이 두 그룹의 유사점들도 밝혀냈다. 그들에 따르면, 아기와 애인은 모두 상대가 곁에 있고 자신에게 주의를 기울이면 자신이 안전하다고 느끼며, 긴밀하고 친밀한 신체적 접촉을 필요로 한다. 반면 상대가 곁에 없거나 상대를 만나지 못하는 상황이면 위협감과 더불어 자신이 불안전한 상황에 있다고 느낀다. 아기와 애인은 모두 자신이 발견한 것들을 상대방과 나누며, 그 상대를 대상으로 모방 놀이를 시작하고 그만을 위한 신호들을 만든다. 또한 자신의 매력을 발산하거나 상대에 대한 걱정을 내비치기도 한다. 그리고 애착 대상에게만 '옹알이'를 한다.

하잔과 셰이버는 설문을 통해, 청년 100명에게 친밀한 관계에서 자신이 생각하고 느끼며 행동하는 방식에 가장 가까운 문단을 체크하게 했다.

- (ㄱ) 나는 친한 사람들이 가끔 불편하다. 그들을 완전히 신뢰하기 어렵고 그들에게 의존하는 내 모습을 용납하기 힘들다. 나는 누군가 나에게 너무 가까이 다가오면 짜증이 난다. 그런데 사람들은 대개 내가 편안할 수 있는 거리 이상으로 자신들에게 다가오기를 바란다.

- (ㄴ) 나는 사람들과 가까이 지내는 것이 상대적으로 쉽다고 생각한다. 나는 사람들에게 기대거나 그들이 나에게 기댈 때 편안한 마음이 든다. 나는 누군가에게 버려질까 봐 걱정하지도 않고 누군가와 너무 가까워져도 두려워하지 않는다.
- (ㄷ) 나는 사람들이 내가 가까워지길 원하는 만큼 나와 가까워지려 하지 않는다고 생각한다. 나는 종종 연인이 나를 진심으로 사랑하지 않거나 나와 함께 있고 싶어 하지 않을까 봐 걱정한다. 나는 그/그녀와 아주 가까워지고 싶지만, 이러한 나의 욕망은 이따금 그/그녀를 두렵게 하고 멀어지게 만든다.

하잔과 셰이버는 메리 에인스워스가 아이들을 세 분류로 정의한 것처럼 자신들도 여지없이 세 가지 분류를 발견했다는 사실을 확인했다. 즉 성인의 60%가 '신뢰감'(ㄴ)을 느꼈고, 20%는 '회피감'(ㄱ), 나머지 20%는 '불안감'(ㄷ)을 느낀 것이다.

이후 그들은 아기가 생후 수개월간 애착 대상에게 애착을 형성하는 과정과 두 사람이 연인 관계를 형성하는 과정을 비교해보았고, 그 결과 두 과정이 명백히 평행하며 대상의 발견이라는 첫 번째 단계를 포함해 네 가지 필수 단계에서 비슷한 양상을 보인다는 점을 알아냈다. 가령 어머니로부터 사랑을 획득한 아이는 세상을 탐색하기 시작하고, 연인의 사랑을 확신한 성인은 자신의 공적인 삶과 직장생활로 복귀하며 연인을 자신의 '고독의 안식처'로 여기기 시작하는 것이다. 이로써 하잔과 셰이버는 커플에게 적용되는 경험적 모델을 제시할 수 있었고, 그 모델을 통해 애정 관계 발달의 네 단계를 다음과 같이 요약할 수 있었다.

- 애착 이전 단계: '가벼운 사랑'에 해당하는 초기 단계이다. 아직까지 진정한 애착 관계는 형성되지 않았으나, 만남의 목적이 단지 성적 만족인 것만이 아니라면 이 예비 단계는 함께여서 즐거움을 느끼는 데 도움이 된다. 그럼에도 성적 욕망과 성적 매력은 애착 관계를 형성하는 데 여전히 유리하게 작용하며, 사랑은 상대의 신체적 매력을 더욱 돋보이게 한다.
- 애착 형성 단계: '사랑에 빠지는' 단계이다. 이 단계에서는 성적 매력 외에 서로에게서 안정감을 느끼고 상대방의 결함이나 잘못을 눈감아주는 것으로도 친밀감을 추구할 수 있다.
- (엄밀한 의미에서의) 애착 단계: '사랑하는' 단계이다. 이 단계에서는 성적 매력보다 정서적 교류가 더 중요하다. 정서적 교류는 분명 지속적인 관계를 만든다. 이 단계에 접어들면 두 사람은 평온감과 안정감, 평정심을 느낀다. 또한 상대방은 생물학적 의미에서의 스트레스를 낮춰줌으로써 '안전한 피난처'가 된다.
- 목표 수정 동반자 단계: '낭만적인 연애 이후'의 단계이다. 두 사람의 모든 에너지를 흡수했던 절대적 사랑의 결합은 과거 애착 관계를 형성할 때는 필요했지만 이 단계에서는 그 필요성이 줄어든다. 이 단계에서 개인은 서로를 사랑하는 마음에서 안정감을 느끼고 자기 존중과 상대를 향한 신뢰 속에서 힘을 얻어, 이제 외

부세계에 몰두하며 직장과 사회생활을 계속 영위해나갈 수 있게 된다. 이때 상대방이 자신을 사랑하고 있다는 것을 확신할수록 개인은 더욱 평정심을 얻는다. 그렇게 두 사람은 아이와 마찬가지로 애착 체계와 탐색 체계 사이에서 균형을 찾게 된다.

하잔과 셰이버는 이 연구의 결론에서, 우정은 애착 관계 형성의 단계들을 따르지 않기 때문에 결코 안전기지를 제공할 수 없다고 밝혔다. 친구란 기껏해야 안전한 '피난처'만 제공할 뿐이고, 오직 사랑하는 사람만이 위의 네 단계를 거쳐, 아기가 세 살이 되어 세상을 탐색하기 시작하는 것처럼, 3년의 시간이 흐른 후에야 자신을 안심시키는 존재가 될 수 있었던 것이다. 그래서 상대의 어린 시절에 부모가 했던 역할을 이제 연인이 정신적 측면에서 대신하게 되는 것이다. 하잔과 셰이버에 따르면, 유년기 때 애착 대상과 평온하고 강한 애착을 경험한 사람들은 자신과 타인의 감정을 이해하고 측정할 수 있는 정서적 능력과 대인관계 능력과 같은 연인 관계나 사회에서의 기본적인 능력들이 더 강하다고 한다. 다시 말해 애착 체계와 탐색 체계 사이에서 균형을 잘 잡았던 사람일수록, 그리고 상대도 그와 같은 특성의 사람일수록, 연인 관계를 더욱 견고하게 형성할 수 있다는 뜻이다.

거듭 말하지만, 유아기 때의 애착 관계는 조화롭게 형성되어야 한다. 만약 어릴 때 회피하거나 '불안한' 아이였다면, 그는 자신이 경험했던 것만 추구하며 애정 관계도 자신에게 친숙한 방법으로 만들어가려고 할 것이다. 바로 여기서 우리는 정신의학과 정신분석학에서 내세우는 근본적인 논리들, 즉 안전하다는 느낌과 불안전하다고 느끼는 데서 오는 고통이 서로 알력 관계에 있다는 논리를 읽어낼 수 있다.

자신이 불안전하다고 느끼는 개인은 자신의 이미지가 타인에게 왜곡되고 나쁘게 받아들여지며 이 때문에 사랑받지 못한다는 느낌을 받을 수 있다. 그리고 이로 인해 고통스러운 고독감에 빠지기도 한다. 연인 관계의 두 사람이 현재 서로에게 갖고 있는 애착은 과거 그것이 무엇 덕분에 강화되었는지, 또는 무엇 때문에 악화되었는지를 항상 되짚어볼 때 유지된다. 자기 인생을 계속 영위해가는 동시에 연인뿐만 아니라 세상과도 건설적인 신뢰 관계를 형성하고 자주적인 성인, 즉 정신적으로 충분히 성숙한 사람이 되기 위해서는 자신에게 충분한 안전감을 주는 견고하고 유연한 기반인 '안전기지'가 필요하다. 그리고 이 안전기지의 모든 가능성을 위태롭게 하면서까지 관계를 망가뜨리는 것이 무엇인지 물어야 한다. 정신분석가 도날드 위니콧은 이를 "타인과 관계를 형성하면서도 홀로 설 수 있는 능력을 획득하는 것"이라고 표현하기도 했다.

물론 유아기와 성인기에 접어드는 시기 사이에는 청소년기가 있고, 그 시기에는 부모를 향한 뿌리 깊은 애착과 부모와 관계를 끊고 싶은 욕망이라는 양가적인 감정이 이따금 거칠게 몰아친다. 청소년들은 이러한 자립의 욕망과 동시에 고독에 대한 두려움을 느끼는데, 이 때문에 종종 애착 대상이 아닌 다른 대상에게 애정을 느끼기도 한다. 그리고 이는 가령 청소년들만의 우정의 방식, 즉 네가 내가 되고 내가 네가 되는 방식으로 서로 하나가 되려고 하는 등의 지나친 형태로 발현되어 대개 그 자체로 부모에게 두려움을 주기도 한다.

홀로 설 수 있는 능력

우리는 앞서, 생후 몇 개월 동안 경험한 부모와의 관계가 어떻게 미래의 관계들을 불안하거나 성숙하게 만드는지 살펴보았다. 분리불안은 '불안한' 성향의 성인들에게서 나타나기는 해도 반드시 그들에게만 한정된 감정은 아니다. 앞서 이야기한 것처럼 이는 보편적인 현상이며, 실연이나 절교, 소중한 사람의 갑작스러운 죽음과 자신을 죽을 만큼 힘들게 만드는 분리의 상황들에서 느끼는 감정인 것은 물론이거니와, 만약 자신의 감정에 더 솔직해진다면 인생의 매 순간 느끼게 되는 감정이라는 것을 알 수 있다. 하지만 분리불안이 늘 자기 안에 잠복해 있다고 느껴서는 안 된다. 더욱이 그렇게 만성적으로 느끼고 있으면서도 이를 안일하게 생각해서는 안 된다. 분리불안은 근심과 괴로움, 슬픔, 영원한 불안전감처럼 가슴을 에는 듯한 느낌을 주는 것이다.

그렇다면 인간 본성에 내재하며 보편적으로 나타나는 이 분리불안을 견뎌낼 수 있는 것쯤으로 여기는 사람이 있는가 하면, 다른 누군가는 이를 고통 또는 타인이 자신의 숨통을 죄고 있는 것으로 느끼는 이유는 무엇일까? 실제로 모든 것은 이 불안을 이겨내는 개인의 능력과 그 능력에 필요한 힘에 달려 있다. 그리고 그 힘은 무의식적 메커니즘을 통해 무의식에서 발현되며, 불안에 잠긴 사람들은 이 무의식적 메커니즘 덕분에 이 힘을 극단적이고 과도하게 만들어낼 수 있다.

정신분석가 위니콧은 고독감에 관심을 보인 초기 학자들 중 하나였으며, 사람은 인생에서 두 가지 형태의 고독과 맞닥뜨린다고 보았다. 하나는 미숙한 단계의 원초적 고독이고, 다른 하나는 이보다 조금 더 정교해진 고독이다. 그는 타인과의 관계 속에서 홀로 설 수 있는 능력을 키워 고독감을 해결하는 방법으로, "자아의 미숙함은 부모가 버팀목이 되어준다는 사실만으로도 충분히 보완될 수 있다. 이 미숙함이 보완되면 개인은 자신을 지지하는 어머니를 자신 안으로 내재화해, 실제 어머니나 어머니 상징에 기대지 않고서 홀로서기를 할 수 있는 때가 온다."라고 했다.

이렇듯 고독을 원만하게 경험하기 위해서는 사랑의 대상이 자기 안에 내재되어야 하는 것이다. 그러면 그 대상은 이미 자기 안에 존재하므로 그가 곁에 없더라도 그 사실이 더는 자신에게 위협이나 돌이킬 수 없는 상실의 불안으로 느껴지지 않게 된다. 이 내재화 과정은 유아기 때 어머니와 안정적으로 분리-재회 순간들을 가지면서 이루어진다. 그러면 어머니상은 자녀의 자아 속에서 '좋은 대상'으로 자리 잡아, 아이는 그 좋은 내재적 대상 덕분에 자신이 안전하다고 느끼며, 극도로 불안해하지 않고도 어머니의 부재를 견딜 수 있는 '자아의 힘'을 얻는다. 그리고 이것들을 통해, 사는 동안 필연적으로 찾아오는 상실들로 시련을 겪더라도 이를 극복할 수 있을 것이다. 결국 인생의 리듬을 좌우하는 일련의 분리-재회의 경험들은 프로이트가 필수적이고 유익한 것이라며 제시한 애도 작업의 첫 걸음인 것이다. 이에 정신분석의 아버지인 프로이트는 "새로운 대상들에 투자하고 가치를 부여할 수 있는 능력은 상실한 대상들을 애도할 수 있는 능력에 달려 있다."라고 말하기도 했다.

위니콧은 바로 이 사실을 바탕으로 개인이 '타인과 마주할 때나 다른 사람들 틈에서 홀로 설 수 있는 그 능력'을 얻기 위해서는 인생의 모든 시기에 고독을 학습하는 것이 필수불가결하다고 강조했다. 아이는 자신의 독자성을 이해함으로써 주체성을 발달시키고 고독도 느끼게 될 터인데, 특히 동생이 태어나기라도 하면 이 고독은 그에게 더욱 크게 다가올 것이다. 때문에 아이는 고독을 통해 어머니와의 분리와 더불어, 어머니를 상실하고 자신이 소외될지도 모른다는 두려움을 경험하는 인생수업을 한다고도 할 수 있으며, 실제로 이는 아이에게 첫 수업이기도 하다. 이렇게 유년 시절 어머니의 부재를 겪은 사람은 성인이 되어서도 과거 부재의 경험에 영향을 받는 것을 보면, 어머니의 역할이 이처럼 중요하다는 것을 쉽게 이해할 수 있다. 어머니의 부재로 인한 불안을 경험한 사람은 타인의 감정에 쉽게 공감하지 못하고 오랫동안 볼 수 없는 사람에게서는 위안이나 안정감을 느끼지 못한다. 생후 수개월 사이에 결정되는 이러한 감정의 불능은 '급성 유기 염증'[8]과도 같다고 할 수 있다. 이는 또한 비정상적인 질투심 폭발이나 (극소수의 커플만이 무사히 빠져나올 수 있는) 만성적 불신, 경찰력이 동원될 정도로 심한 데이트·부부 폭력 등으로 나타나는 분리불안에 가까운 것이기도 하다.

한편 아이들은 고독을 수업으로 승화할 수도 있는데, 부모는 이 수업을 위태롭게 할 수 있는 초기 위험 요인들 중 하나이다. 부모들은 대부분 고독감이 곧 자녀의 정신 발달을 구성하는 요소이자 자녀가 성장하는 동안 거치는 개별화 과정의 척도라는 점을 간과하고 있다.

부모는 자녀가 성공하기를 바라는 욕망과 자녀의 미숙함에 대한 두려움으로 자녀의 일과를 여러 가지 활동들로 빼곡히 채워버리기도 한다. 하지만 자신도 의식하지 못하는 사이에 르네 지라르의 모방이론처럼, 자녀의 유년기를 살피기보다는 자녀를 완벽한 역할 모델이자 미래의 성공 모델로 만들어야 한다는 압박감을 느끼게 된다. 만약 자녀가 야외활동은 하지 않고 실내에서만 활동한다면, 부모 중 한 사람은 자녀에게 혹여 정신적으로 문제가 있지는 않을까 걱정이 되어 학업과 문화 활동을 지나치게 감독하게 될 것이다. 하지만 사실 어린 자녀는 결코 혼자가 아니다. 타인과 대화를 나누면서 공상에 빠지고 세상을 관찰하며 주변 환경 속에서 세상을 마주하느라 혼자일 시간이 없는 것이다. 물론 아동은 혼자 있을 때 두려움을 느

---

8 만성적인 염증성 질환의 반대말로, 유기되는 경험을 질환에 빗댄 작가의 표현–역주

끼고 가끔은 지루해하기도 한다. 그래서 자신에게 안도감과 안전감을 주는 '내재적 대상들'에 도움을 구하는 법을 터득하기도 한다. 가령 자연에서 홀로 산책하며 부모와 멀리 있다는 사실에서 오는 불안감에 대해 과연 이를 이겨낼 수 있을지 자신의 정신적 힘을 가늠해보는 것이다. 아동은 혼자라는 두려움을 떨치고 고립되지 않기 위해서 타인과 관계를 형성하는 법도 배운다. 또는 반대로 누구에게서도 방해받지 않고 누구의 시선도 받지 않는 고립의 순간을 유익하게 활용하는 방법을 스스로 찾기도 한다.

부모는 혹시 모를 사고에 대한 공포 때문에 자녀를 과잉보호하기도 한다. 하지만 위험을 감수하더라도 자녀를 과잉보호하지 않아야 그가 언젠가 겪게 될 고독을 어떻게 길들일 수 있는지 알려줄 수 있다. 한편 이러한 부모의 지나친 관심과 더불어 방과 후 넘쳐나는 활동과 숙제들 틈에서 오늘날 아이들이 숨 쉴 구멍이라고는 오직 가상세계뿐이다. 만약 아이들이 부모의 품에 싸여 사랑만 받으며 부모의 관찰 대상이 된다면 그들은 그사이 고독이라는 필수적인 학습의 기회를 놓치게 된다.

오늘날 아동과 청소년들은 자의식을 가지지만, 동시에 구체적으로 자아인식을 하지는 못한다는 극단적인 역설을 경험하고 있다. 아동은 인터넷의 가상세계에 초연결되고 흡수되어, 철학적 의미에서 자신이 누구인지 알아가려는 욕구를 조금씩 잃어간다. 더욱이 현대사회는 젊은 프랑스 청년들이 열광하는 미국 영화 속 "우리는 가족"이라는 주문과도 같은 말을 내세우며, 고독을 일탈이라는 문화적이고 관념적인 것으로 해석하고 있다. 그래서 은연중 고립과 고독의 순간들을 탐색하지 못하고 있는 것이다. 어디에서나 볼 수 있는 행복의 이미지에는 반드시 무리를 이룬 사람들이 있으며, 이는 특히 청소년들에게서 두드러진다. 한편 그들은 이 이미지를 고수해야 한다는 생각 때문에 자신이 진정 바라는 것은커녕 자신의 취향과 독자성에 대해서도 사유하지 못한다. 또한 아동은 더 이상 부모가 원해서가 아니라, 광고 속 모델들과 친구들을 모방하려는 욕망으로 스스로 자신의 일과를 채워간다. 그래서 자연히 청소년이 되어서도 고독이라는 중요한 학습을 하지 못하게 된다. 아동은 갑자기 부재와 내적 공허감을 느끼게 되면 이를 견디지 못하는데, 고독을 학습하지 못한다는 것은 곧 그 부재와 내적 공허감을 채울 수 있을 만큼의 문화적 · 정신적 교육을 더 이상 받지 못한다는 뜻이다.

우리 모두는 고독과 간헐적인 도피의 경험, 상실의 공포(부모와 자신의 죽음에 대한 환상)와 직면하여야만 자신의 인격을 형성할 수 있고, 자아존중감과 더불어 적절하게 감정을 표현하는 데 필요한 내면의 자신감을 높일 수 있다. 이러한 고독의 학습을 통해 아동은 타인들의 시선과 판단을 더 이상 두려워하지 않는 법을 배우고 자신의 행동들에 절대적인 책임감을 지니게 된다.

아이들은 부모로부터의 고독 훈련 덕에 정서적으로 성숙해질 수 있을 것이다. 그리고 이 정서적 성숙을 통해 다른 누구도 아닌 자기 자신이 자기 삶의 주인이 되고, 단절이나 배신을 병적으로 두려워하지 않는 태도로 타인과 관계를 맺을 수 있을 것이다. 이러한 조건이 충족되면 아동은 이후 청소년이 되어서도 성숙하게 소통할 수 있고, 관계 단절에 대한 불안감 없이 타인의 제안을 거절할 수도 있게 된다.

반면 고독을 학습하지 못한다면 이후 고독이 야기하는 상실과 분리의 불안을 겪게 될 것이고, 이러한 아동은 대개 그 고독을 극적으로 표출하거나 감정이나 태도 면에서 갑작스러운 기복을 보일 것이다. 상실과 분리불안으로 인해 표출되는 정신분석에서 행동화라 불리는 여러 유형에는 유아론적[9] 태도와 이상화하는 경향, 마조히즘, 지나치게 의존적인 태도 등이 있으며, 이에 더해 과대망상과 거짓자기, 왜곡된 나르시시즘 등의 비현실세계로 은신하려는 경향도 있다. 또한 세상을 거부하고 극단적으로 고립되는 것도 이에 해당한다.

고독에 대한 이러한 불안들은 우리를 경직시키고 진정한 공포의 순간들과 마주하게 한다. 이 불안을 잘 다스려보기 위해서는 앞서 나열한 자신의 행동화를 파악할 수 있어야 한다. 가장 흔하게는, 차마 설명할 길이 없는 분노의 감정, 절도 행위, 어둠에 대한 비이성적 두려움, 그리고 거의 만성적으로 과잉행동을 일으키는 경우 등이 있다. 고독의 불안을 파악했다면, 그 불안을 다스리기 위해 심리치료사에게 상담을 받아야 한다. 아동은 심리치료사와 함께 자기 불안의 주된 원인들을 살펴볼 수 있을 것이며, 자신의 고독을 정의하고 존재와 부재의 개념을 스스로 어떻게 정의하는지도 검토해볼 수 있을

---

9 자신만이 존재하고 다른 모든 것은 자신이 의식하기 때문에 존재한다는 학설-역주

것이다.

이 모든 과정을 거치면 이제 내재적 대상, 즉 개인이 홀로 설 수 있는 능력을 발달시키고 그 능력을 받아들이는 데 필수적인 정신적 대상을 선택할 수 있다. 가령 아동이 부모에게 절대 뺏기지 않으려는 자신의 애착인형에 의지하며 부모에게서 분리될 수 있는 것처럼 말이다. 즉, 프랑수아즈 돌토가 소개한 이러한 과도기적 대상을 통해 어머니와의 이별을 자연스럽게 받아들이고 배울 수 있다.

아동은 치료사와 함께, 자신의 친밀함과 개방성, 다른 사람들과의 접근 가능성이 어느 정도인지 생각해볼 수 있게 된다. 그리고 고독 속에서도 평화로울 수 있다는 사실을 받아들이는 동시에, 자신을 돌아보고 자기만의 리듬을 찾으며 자기를 위한 시간을 가지는 법을 배우게 된다.

불안 없이 타인을 생각하는 순간

나는 임상의로 일하면서 여러 가지로 큰 보상을 받았다. 조셉이 해준 말도 그중 하나이다. 그는 2년 전 자신의 극심한 불안들을 해결하고자 나를 찾아왔다. 그는 그 불안들 때문에 고독에 빠져 있었고, 사랑하는 존재들을 잃을지도 모른다는 생각에 사로잡혀 있었다. 하지만 장기간의 치료 끝에 그는 "악몽에서 자유로워진" 느낌이라고 말했다. 그리고는 "더 정확히는 해방된 기분이다. 나는 이제 자유다."라고 덧붙였다.

여기서 그가 말한 자유는, 상실의 두려움 때문에 의도적으로 자신을 고립시키며 그동안 견디기 힘들 만큼의 고통을 겪었던 과거와 달리, 자유롭게 자기 자신이 되고 자신에게 전념하는 것을 의미한다. 치료가 끝날 무렵, 조셉은 그동안 죽음에 대한 공포와 분리의 불안으로 억눌러왔거나 상실했던 자기 안의 감정들을 재발견할 수 있었다. 그는 자기 확신을 되찾았고, 이후 타인을 신뢰하고 사랑할 수 있는 능력을 회복했다.

이 해방을 경험한 사람들은 이후 자신이 고독을 통해 다시 태어났다고 느끼게 된다. 이 해방은 잠시 멈추어 자기 자신과 관계를 맺는 순간이자 아무런 고통 없이 적극적으로 타인을 생각하는 순간이다. 이 해방의 순간을 통해 자아는 충분히 강해지고 자립적인 존재가 되어 사랑하는 존재들의 부재를 받아들이고 그들이 멀어지거나 죽을 수도 있다는 사실을 포용할 수 있게 된다. 그러면 마침내 그들은 조셉처럼 만족스럽고 조화로운 방식으로 고독을 배우는 것은 물론이고, 자기 자신과 자신이 사랑하는 대상을 분석하는 통찰력을 지니게 된다.

그러면 어떤 대상(타인)이 자기 안에 내재화되지 않거나 과거 안정적으로 사랑받지 못한 탓에 그 대상이 자기에게 주는 사랑을 쉽게 의심하여 생기는 고독의 우울, 또 그로 인한 애증의 양면성도 해소할 수 있다. 또한 친구나 어머니, 배우자와 같은 대상의 외적 현실과 자신의 내면 안에 품고 있는 생각, 환상, 욕망, 감정, 불안 등의 내적 현실[10] 사이의 차이를 구별해, 자신의 두려움이나 환상을 그 대상에게 투영하는 것을 멈출 수 있다.

조셉은 관계의 불안에서 자유로워진 이후 비로소 자기 자신이 될 수 있었고 자신에 대해 오롯이 책임감도 느낄 수 있었다. 그래서 타인과 맺는 관계에 대해 끊임없이 추측하거나 자신의 동반자와 사랑-증오 관계의 덫에 빠지지 않고서, 자기 인생에 뛰어들기 위한 첫걸음을 내딛을 수 있었다. 마치 어머니의 존재를 확신한 아이가 세상을 탐색하기 시작하는 것처럼 말이다.

---

10 생각, 환상, 욕망, 감정, 불안 등의 내면세계로, 정신적 현실이라고도 한다—역주

10

홀로 설 수 있는 능력,
자기 자신으로 살면서도
두려움 없이
타인과 관계 맺는 연습

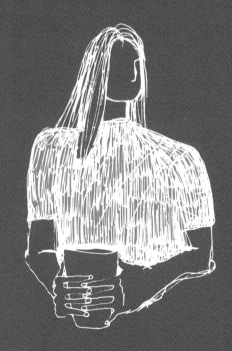

파트너는 아주 신중하게 선택하라! 우리는 본능적으로 누군가에게 끌릴 수 있다. 하지만 그렇다고 서로가 반드시 잘 통하는 것은 아니다. 누군가와 교류하는 초기에는 다음과 같은 질문들에 관심을 기울여보아야 한다. "그 사람은 자신을 드러내는가?", "그 사람이 대화를 독점하지는 않는가?", "그 사람은 다른 이들의 말을 헤아리는가?" "그 사람은 곁에 있어주는가? 아니면 한 발자국 물러나 있는가?"

자신의 명예를 지키면서 몇 가지 경험적 조언만으로 심연의 고독을 해결한다는 건 터무니없는 일일 것이다. 고독의 고통은 빙산의 일각이다. 하지만 대개 우리는 앞서 언급했던 모든 반사회적 태도들을 낱낱이 살펴봄으로써 사회의 병과도 같은 고독에 맞설 수 있을 것이다.

물론 자신이 살고 있는 시대와 시기에 역행하거나 모든 사람들의 통신수단을 획일화한 기술을 거스르기란 매우 어렵겠지만, 그래도 우리는 반드시 그 통신수단이 편재하지 못하도록 저항하는 데 노력을 기울여야 한다.

소중한 사람을 가까운 존재로 남기기 위한 노력

우리는 아이들이 경험하는 고독과 성인들의 고독이 같다는 점을 상기할 필요가 있다. 그래서 나는 소중한 사람들을 '가까운 존재'로 남기기 위한 대인행동 및 대인관계의 예시를 제시해보려고 한다.

우리가 취해야 할 태도

- 인터넷에 중독되어 지나치게 접속하지 않는다.
- 현실에서 타인들과 관계를 유지하려고 노력한다. 그러기 위해서는 문자보다 전화를 이용하고, 대형 슈퍼마켓을 이용하기보다 되도록 작은 가게를 방문해 상인들과 담소를 나눠보려 해본다.

- 그동안 정했던 가치 서열을 재검토한다. 이것은 나에게 적용되는 가치인가? 이 가치는 내가 생각하는 행복의 개념, 기대와 일치하는가?
- 자기 중심적인 태도와 자기를 최우선으로 삼는 습관을 버린다.
- 타인의 관점에 대해 생각하고 이를 고려한다.
- 친구들과의 저녁식사를 준비하기 위해 시간을 낸다. 그리고 가족과 명절을 함께 보내기 위해 시간을 낸다.
- 텔레비전을 집안 곳곳에 두고 보지 않는다.
- 극도로 물질주의적인 사회가 만든 공허감을 채우고, 정신을 살찌우는 음악이나 문학, 교리, 수학 등에 열린 마음을 가진다.
- 아주 긴 산책에 지쳐 쓰러질까 봐 두려워하지 않는다. 산책하며 삶의 리듬을 되찾고 자기만의 시간을 가지며 존재와 소유의 관계를 생각해본다.
- 물질적으로 정말 필요한 것들의 목록을 작성해본다. 그리고 친구들이나 자녀들, 배우자와 가족과의 대화를 미루면서까지 무엇을 하는 데 돈을 퍼부었는지 적어본다.
- 요가, 수영, 명상 등 더 나은 자기 인식과 원활한 호흡, 중심 되찾기를 위해 가능한 한 모든 것을 해본다.
- 각각의 친구들과 맺은 관계의 본질이 무엇인지 생각해본다. 그리고 자신의 감정들이 균형을 유지하고 있는지 들여다본다.

부모가 취해야 할 태도들

• 자녀와의 소통방식을 재검토한다. 아버지와 어머니가 부모의 권위를 지니고, 자녀 앞에 혼자 나서지 않으며, 공동으로 나선다. 자녀 앞에서 경쟁하는 것은 매우 해롭다. 부부간에 감정적으로 대립하거나 권위 경쟁을 하지 않도록 한다. 소통방식의 재검토는 전문가의 도움을 받도록 한다.

• 자녀와 형제자매를 떨어뜨리지 않는다.

• 자녀를 더 이상 외동처럼 여기지 않는다. 한편 가족의 유대를 재건하는 데 해로울 수 있는 것이 있다면 그 무엇과도 타협해서는 안 된다.

• 자녀가 자기 의견만 내세우지 않도록 어릴 때부터 가르친다. 그리고 자신과 함께 노는 주변 친구들에 대해 깊이 생각해보도록 가르친다.

• 텔레비전, 컴퓨터, 휴대폰 등의 화면에 노출되는 시간을 줄인다. 실리콘벨리 연구원들이 2세 미만의 유아에게 화면 노출을 전면 금지하는 데에는 이유가 있다.

• 자녀들에게 보드게임과 바깥 외출을 권장한다. 그리고 빛과 하늘, 꽃, 자연 등과 감각적으로 접촉하기를 권유한다.

• 자녀들이 친구들과 재회하는 데 노력을 기울이게끔 한다. 가령 친구들을 만나러 가거나 친구들에게 전화해보라고 한다. 또는 자녀들 스스로 외출을 계획하거나 주도하게끔 한다.

• 부모의 권위를 부드럽게 행사한다. 하지만 자녀에게 권위를 양

보해서는 안 된다.

• 집 밖에서 있었던 일을 집으로 끌고 들어와 자녀들이 당신에 대해 여과 없이 인식하게 만들어서는 안 된다. 가정 내에서의 위계 질서를 지켜야 한다.

고독에 관한 세 가지 오해

하지만 사회화에 대한 단순한 조언들만으로 고독에서 벗어나기란 불가능할 것이다. "타인들에게 다가가라", "클럽이나 온라인 데이트 사이트에 가입하라", "패키지 여행에 참여하라", "강연에 참석하라", "자주 초대하라" 등의 말을 아직 들어보지 못한 사람이 있을까?

우리는 이 모든 단계들을 통해 더 많은 만남과 교류의 기회를 얻을 수 있다 해도, 자신의 고립이 어디에 뿌리를 내리고 있는지 이해하지 않으면 안 된다. 상대방을 문제 삼고 주변 상황을 탓하는 것이 가끔은 적절한 방책일 수 있지만 이는 여전히 위험한 일이며, 관계가 파괴되는 데 자신의 역할과 책임이 무엇인지 생각하는 것을 거부하는 일이기도 하다. 여하튼 우리는 고독이 내적·외적 부재라는 양가적 특성에서 기인한다는 점을 상기할 필요가 있다.

나는 당신이 고독에서 벗어날 수 있게 돕고자, 고독과 관련한 몇 가지 오래된 이야기를 살펴보고 비판해볼 것을 제안한다.

1. 사랑은 고독의 해독제이다.

2. 본래 어떤 관계들은 다른 관계들보다 더욱 가깝고 친밀하다.

3. 외롭다고 느낄 때는 동반자를 구해야 한다.[1]

연인 관계는 확실히 고독이라는 고통스러운 감정에 답을 제시할 수 있다. 하지만 이 관계에도 역시 균형이 필요하다. 그러므로 사랑의 감정을 공유하지 못하고 불균형한 관계를 유지하며 기질과 성격상 당신을 행복하게 해줄 수 없는 사람을 사랑하는 상황들은 반드시 피해야 한다. 사랑은 서로 다가갈 때만 온전하다. 가령 지적 긴밀함과 정서적 유연함을 통해 고독감을 옅어지게 할 수 있는 것처럼 말이다. 그러나 연인 관계의 이러한 이점도 두 사람이 서로 같은 걱정을 나누어 함께 노력하는 상호적인 행위가 있어야만 누릴 수 있는 것이다.

또한 관계 유형을 존중하는 법을 배우는 일도 반드시 필요하다. 어떤 관계들은 서로 거리를 유지하면서도 진실하고 깊을 수 있다. 반대로 또 다른 관계들은 일상을 함께 나누면서 확대되고 견고해진다. 이처럼 모든 관계는 저마다의 고유한 작용 방식이 있다. 그러므로 관계의 본질을 지배하고 싶다는 생각은 잘못된 것이며, 그보다 우리는 각 관계의 고유한 '방식'을 존중하며 그 관계가 꽃피울 수 있

---

1 이는 키라 아사트리안(Kira Asatryan)이 자신의 저서 《*Stop Being Lonely, Three Simple Steps to Developing Close Friendships and Deep Relationships*》(New Word library, 2016.)에서 밝힌 매우 아름다운 이야기이다.

게 해야 한다.

사람들에 둘러싸여 있다는 단순한 사실이 고독을 항상 해결해주지는 않는다는 점을 앞서 여러 사례들을 통해 살펴보았다. 관계에서 얻는 만족이나 행복은 타인 곁에서 개인이 느끼는 바, 다시 말해 타인과의 긴밀도와 그 거리에 달려 있다. 더욱이 실제로 만나는 모든 사람들과 가까워질 필요는 없다는 점을 이해하는 것은 매우 중요하다. 왜냐하면 고독은 앞서 살펴보았듯이 개인의 내적, 외적 요인들이 상호작용하는 것과 연관되어 있기 때문이다. 그렇기 때문에 자신에 대한 제대로 된 인식 없이 수많은 타인과의 관계가 고독을 해결해줄 수 없다. 먼저 자신에 대해 알아가는 것, 자신을 이루는 감정, 불안, 고통, 욕망 등의 근원들과 그것을 표출하는 자신의 방식을 이해할 수 있어야 한다. 그렇지 않으면 자기 자신에 대한 무지가 타인에 대한 몰이해를 야기하고, 타인에 대한 과도한 환상과 기대들을 불러일으켜 자신의 여러 감정들을 잘 다스리지 못하게 된다. 결국, 이러한 악순환은 타인에게 연결되지 못한다는 사실만 입증하게 되어 대인관계에 더욱 두려움을 느낄 수밖에 없어진다.

관계의 첫발, 자기 자신과 약간의 거리두기

따라서 고독에서 벗어나기 위해서는 이를 위한 첫발을 내딛는 것이 무엇보다 중요하고 필수적이다. 이 첫 걸음은 자기 자신과의 약간의 거리두기로부터 시작된다.

자기 자신을 알아가는 것과 모든 것이 자기 중심적으로 돌아가야 한다는 것은 명백히 다른 것이다. 때때로 자기 자신에 집중하는 것에는 분명 이점이 있다. 하지만 스스로를 관심과 경청의 유일한 대상으로 여기면 불행과 불안이 찾아오기 마련이다. 그리고 이러한 불안은 타인과 공유할 수 있는 모든 기회들을 기어코 어렵게 만들 것이다.

자기 중심적으로 행동하고 자기 감정에만 끊임없이 주목하는 것은 사실 우리가 늘 깨닫지는 못해도 타인을 향한 마음의 문을 닫아두는 것과 같다. 더욱이 자신의 불만들에만 집중하는 태도는 타인들에게서 자신을 고립시키는 원인이 된다. 그리고 고통받는 주체인 자기 자신은 비생산적이고 해로운 위축 상태에 빠져 있게 된다.

오히려 지나친 자기애로부터 조금 거리를 두어 자신을 객관화 할 수 있어야 자신을 되돌아보고 성찰할 수 있다. 우리는 바로 이 단계에서 실연이나 실업 등 자신에게 일어난 현실을 받아들이게 된다. 또한 자기 자신과의 일정한 거리를 유지하면 스트레스도 줄일 수 있게 된다.

또한 우리는 오랜 목표들을 재검토하고 자기 자신을 새롭게 바라보는 법을 다시금 배울 필요가 있다. 이 작업은 사랑받지 못한다는 느낌이 주는 고통에서 거리를 두는 것으로 시작된다. 누구도 결코 자신의 상황만으로 정의되지 않는다는 점을 자각하는 것이 중요하다. 다음의 말들을 되풀이해보라.

"내 직업으로만 나를 정의할 수는 없다."

"식당에서 혼자인 사람은 나뿐만이 아니다."

"나는 훨씬 더 유능한 사람이다."

그러니 부정적이고 제한적인 판단으로 "나는 ~하기에는 너무 늦었다."라는 식으로 당신을 정의하지 말라.

마찬가지로 새로운 목표들을 세우는 것도 중요하다. 이제까지의 자신의 목표와 바람, 신념들이 지금의 자신에게 의미가 있는지 성찰해볼 필요가 있다. 이제까지 고수해오던 목표와 바람들이 지금의 내 모습을 유지하게는 할 수 있을지 모른다. 하지만 새로운 모습을 기대하기는 어렵다. 변화를 원한다면 새로운 목표와 바람이 필요하다. 자신에게 새로운 활력을 주기 위한 목표는 무엇보다 중요하다. 그것 또한 쉽지는 않을 것이다.

새로운 목표를 세우기 위한 창의성을 발휘할 때 극복하기 가장 어려운 것은 과거 자신의 신념들을 버리고 현재의 목표를 단념하는 것이다. 당신은 현재의 목표들을 단념함으로써 관심 영역을 확장할 수 있고, 점점 윤곽이 드러나는 새로운 위험들을 탐색할 수도 있다. 그리고 그런 식으로 자신의 기준들을 완화하고 새로운 인식과 생각들, 새로운 해석에 눈을 뜨면 새로운 기회들을 맞이할 수 있다.

마지막으로 우리의 믿음이 정서적 문제들에 매우 중요한 역할을 한다는 사실을 확신해야 한다. 이 믿음들은 문제들을 악화시킬 수도 있지만(제한적 믿음) 해결할 수도 있다(자기 확신). 견고하게 뿌리내린 믿음은 종종 현실에서 이루어기도 한다. 가령 자신은 절대 친구들을 사귈 수 없을 것이고 직장 내에서 유익한 관계를 맺을 수 없을 것이며 남편이나 부인을 얻을 수 없을 것이라고 믿는다면, 당신은 무한 반복되는 악순환에 갇혀 끔찍하게 불행해질지도 모른다. 당신은 스스로에 대한 불신 때문에 고통스러운 상황에 갇혀서는 안 된다.

정서적 어려움과 고통은, 상황은 늘 변화할 수 있다는 것을 인식하지 못하는 것으로부터 시작된다. 우리는 자기 자신이나 타인들에게 자의적으로 최종 판단을 내리고 의기소침해진다. 그리고 자신을 불신하게 만드는 감정들을 통제하는 능력에 귀를 막고 눈을 가리게 된다.

고독에서 빠져나오기 위해서는 혼자라는 사실이나 이러저러한 상황을 겪고 있는 현실에서 관심을 돌려 새로운 삶의 방식에 눈을 뜨는 것이 중요하다. 우리는 모두 자신을 불신하게 만드는 특정 감정들을 여과하거나 제한할 수 있는 내면의 힘을 지니고 있다. 그러므로 이 힘을 믿고 깨닫는 것이 무엇보다 중요하다.

관계 맺는 법 새롭게 배우기

| 경청하기 |

고독에서 벗어나고 타인에게 더욱 다가가기 위해서는 양질의 대화를 나누고 경청하는 자세를 유지해야 한다. 우리는 자신이 피상적으로 경청한다는 사실을 항상 자각하지는 못한다. 하지만 타인에게 다가가기 위해서는 반드시 상대의 말을 끝까지 경청해야 한다. 우리는 얼마나 많이 상대의 말을 반박하고 가로막으며 이해하려 들지 않을뿐더러, 그가 느끼는 것을 받아들이거나 공감하길 거부하는가.

우리는 경청을 통해 상대가 표현한 것에 관심이 있음을 드러낸다. 그러면 상대는 우리가 공감하고 있다는 것을 느끼고 이에 고마워할 것이다. 서로 반대의 경우에도 마찬가지이다. 더욱이 바쁜 현대인들의 대부분의 대화에서 이러한 경청의 자세는 점점 찾아보기 힘들어지고 있으므로 더욱 소중하고 고마운 것이기도 하다.

하지만 상대가 경청하지 않는다고 해서 그를 지나치게 비난해서는 안 된다. 대화란 어쨌든 기분을 전환시킬 수 있는 식이어야 한다. 일단 신뢰 관계가 형성되었다면 감정을 공유하는 것이 무엇보다 중요하다. 이때 보다 효과적으로 감정을 공유하기 위해 간결함만큼이나 중요한 것이 진정성 있는 표현이다. 그리고 우리는 감정을 공유할수록 더욱 더 유익하고 만족스러운 결과를 얻을 수 있을 것이다.

소통을 잘하는 것이 관계를 형성하고 견고하게 하는 데 매우 중요하다는 점은 몇 번을 말해도 부족하다. 나는 개인의 노력과 책임이 진정한 관계를 형성하는 데 반드시 필요하다는 점을 다시 한 번 더 강조할 것이다! 왜냐하면 타인의 관점을 단번에 반박하거나 그것을 이해하려고 노력하지 않는다면 서로의 관계는 위협받을 것이고 타인은 이 관계를 포기하기에 이를 것이기 때문이다.

관계의 질은 항상 상대를 평등하게 대하는 데서 시작한다. 그러므로 서둘러 조언하려 하지 마라. 이미 당신도 경험했듯이, 이러한 행위는 관계를 망치고 상대에게 고독감을 심어줄 수 있다. 배우자든 가족이든, 당신이 상대를 완벽하게 알고 있다는 생각은 버려야 한다. 수년이라는 세월 동안 그들은 변했다. 더욱이 당신도 이제 과거의 당신이 아니다. 과거에 대한 선입관은 현재의 관계에 해로우며 관계의 단절에까지 이르게 할 수 있다.

파트너는 아주 신중하게 선택하라! 우리는 본능적으로 누군가에게 끌릴 수 있다. 하지만 그렇다고 서로가 반드시 잘 통하는 것은 아니다. 다만 상대가 알아갈 만한 가치가 있는 사람인지 의심하는 것은 피해야 한다. 이는 상대방에 대한 자신의 열정을 통제하고 관계에 반드시 필요한 아름다운 애정을 억압할 뿐이다. 그렇기는 해도 누군가와 교류하는 초기에는 다음과 같은 질문들에 관심을 기울여 보아야 한다.

- 그 사람은 자신을 드러내는가?
- 그 사람이 대화를 독점하지는 않는가?
- 그 사람은 다른 이들의 말을 헤아리는가?
- 그 사람은 곁에 있어주는가? 아니면 한 발자국 물러나 있는가?

만약 당신이 양질의 관계 또는 관계들을 형성하려 한다면, 상대방이 감정을 느끼고 나누며 적절한 방식으로 반응하는 능력이 있는지, 그리고 책임감을 갖고 관계를 안정적이며 충만하게 가꾸는 데 동의하는지 주의 깊게 살펴보는 것이 중요하다. 다시 말하지만 만나는 모든 사람들과 가까워지려 해서는 안 된다.

마음을 여는 과정에서 생기는 실패들을 받아들일 수 있어야 한다. 누구나 실수나 잘못된 선택을 할 수 있다. 어떤 계획이든 그 성공의 핵심은, 실패를 결과로 기정사실화하지 않고 그저 지나가는 사건쯤으로 다루는 것이다. 누구도 완전무결하지 않다. 실패를 돌이킬 수 없는 절대적인 것으로 확정하지 않는다면, 그 실패는 값을 매길 수 없을 정도로 귀중한 학습의 원천이 된다. 그리고 고독을 겪는 많은 사람들이 생각하는 것과 반대로, 대인관계에서 겪는 실패는 대부분의 사람에게 흔한 일이다.

흔히 관계 맺기의 실패는, 혼자 있느니 불만족스러운 관계라도 유지하는 게 낫다는 생각에서 비롯된다. 분리에 대한 두려움은 나쁜 관계들을 강화한다. 아무리 불합리한 관계라 해도 유지되는 경우가 빈번한 것도 이 때문이다. 반면 우리는 혼자일 때보다, 우리를 행복하게 해주지 않는 사람 곁에서 항상 더 외로움을 느낀다. 그리고 상대방도 이를 똑같이 느낀다.

그러므로 자신의 정서적 욕구를 깨닫고 자신과 어울리거나 진정한 친밀감을 느낄 만할 사람들을 찾아나서야 한다.

| 책임 인정하기 |

갈등이나 단절에서 자신의 책임을 인정하는 걸 잊지 않는 것은 긍정적이고 행복한 미래를 향한 첫 걸음이라는 사실을 기억하자.

"나는 다른 사람이 나에게 하는 말에 신경 쓰지 않는다", "나는 너무 독립적이다", "나는 마음을 여는 것이 두렵다" 같은 표현들이 아니어도 이러한 발화들은 당신이 그만큼 나아지기 위한 출발선상에 있다는 것을 보여준다. 자신을 부인하고 비난하는 행위는 새로운 관계들을 맺는 데 어떠한 도움도 되지 않는다.

클로에는 독신 생활을 한 지 오래되었고 친구도 없다. 그녀는 상담할 때마다 가장 최근에 만난 사람들의 이상한 점들을 말했다. 그녀의 눈에는 그 누구도 자신이 몇 해 전부터 정해 놓은 이상향에 부합하지 않았다. 타인은 항상 실망스럽고 자기 인생에서 그저 스쳐지나가는 존재일 뿐이다. 클로에가 용감하게 모험을 시도하지 않는 한 그녀의 인생은 불행하게 흘러갈 수밖에 없다. 그럼에도 클로에는 자신의 그 엄격함이 자기 인생에 주는 악영향에 대해 전혀 의심할 생각조차 못했다.

타인에게 괜히 다가갔다가 실패할까 봐 두려움을 느끼는 것은 당연한 일이다. 하지만 그 두려움이 자신의 정서적인 삶과 사회생활을 망가뜨릴 정도로 커지는 것은 막아야 한다.

지난 잘못들을 반추하여 그것을 배움의 기회로 삼는 것이 곧 행복을 찾고 성공적인 관계를 만드는 방법이다. 그리고 우리는 이것을 경험의 소득이라고 한다. 당신이 어떻게 해서든 위신을 세우고자 한다면 좋은 기회를 모두 놓치고, 당신의 자아 또한 찾을 수 없게 될 것이다. 멀고 먼 이상에 눈이 멀면 우리는 자기 인생에 충실하지 못하고 고독에 정착하게 될 뿐이다.

| 비난 멈추기 |

우리는 자신에게 가장 자주 나타나는 방어 행동들이 무엇인지 확인하고 그것들을 내려놓아야 한다. 타인들과 함께 행복해지기 위해서는 자신을 세상에서 고립시키는 메커니즘들을 파악하고 확인할 필요가 있다. 이 메커니즘들은 어떻게 해서든지 문제를 타인들에게 돌리려 한다. 그리고 항상 좋은 변명거리를 찾고 타인을 비난하며 타인의 행동방식에 불만을 느끼는 형태로 나타난다.

그러므로 우리는 그럴 듯한 변명들이 항상 반복되는 데 의심해 볼 필요가 있다. 나는 우리가 걸핏하면 내세우는 거짓 동기들에 대해 이야기해보고 싶다. 우리는 이 거짓 동기들 때문에 결국 더는 삶을 즐길 수 없고 어떤 위험도 감수하지 못하며 서로 사랑하지도 못하게 된다. 그리고 고독의 뿌리를 바라보는 시선을 왜곡해 거짓 변명들을 내세우게 된다. 그러니 변명을 찾으려 하지 말고 자신의 책임을 인정해야 한다. 물론 고통스럽겠지만 우리는 이를 통해 진정한 해방을 만끽할 것이다.

우리는 타인들을 비난하는 것을 멈추어야 한다. 반사적으로 비난하는 태도는 유년기 때부터 나타난다. 하지만 설령 비난할 만한 근거가 있어도, 비난하는 행위로는 대단한 것을 얻지 못할뿐더러 아무

것도 해결되지 않는다. 불평하는 것을 멈추어야 한다. 항상 자신이 옳다고 믿는 사람들은 대체로 사사건건 불평하는 사람인 경우가 많다. 우리는 불평이 자기의 실수를 타인의 탓으로 돌리는 것이라는 사실을 깨달아야 한다. 만약 자기의 실수를 인정한다면, 우리는 불평을 멈추고 더욱 유익한 소통을 위해 열린 자세를 취할 수 있을 것이다.

| 현실에 집중하기 |

현재를 충실하게 사는 법을 배워야 한다. 그리고 클로에처럼 현실 불가능한 목표들, 예컨대 완벽한 남편, 꿈같은 결혼생활 같은 것들을 포기하는 법을 배워야 한다. 만약 당신이 바라는 대로 굴러가게끔 일상을 끊임없이 통제한다면, 이는 목표 성취를 불가능하게 만드는 가장 확실한 수단이 된다. 뿐만 아니라 인생을 배우고 자기 자신을 잘 알아가는 데 필수적인 현실의 모든 경험들을 누릴 수도 없게 된다.

수많은 사람들은 자신이 그토록 원하는 행복은 항상 아주 먼 미래의 이야기일 뿐이며, 지금 이 순간은 결코 그 행복을 음미하는 단계가 아니라고 오해한다. 이렇게 그들은 목표에만 완전히 집중한 나머지 절대 현재를 충만하게 살아가지 못한다. 또한 현재의 순간에 충실하지 않고 자신의 가장 깊은 내면을 들여다보기를 소홀히 한다. 정작 자신의 내면은 지금 이 순간에서 힘을 얻고자 할 뿐인데 말이다. 그들의 먼 목표는 교류에서 얻는 단순한 즐거움에 만족하지 않는다. 그래서 자신이 기대하지 않은 것에 대해서는 무감각해진다. 그리고 미래의 무한한 행복을 맹목적으로 추구하기 시작하지만 지금은 그저 혼자일 뿐이다.

각자 자기 인생에 대한 전망을 그려보는 것은 당연히 좋은 일이다. 왜냐하면 이는 곧 미래를 낙관적으로 본다는 뜻이기 때문이다. 하지만 그 과정에서 유연하고 열린 자세를 취하는 법을 배워야 한다. 이 유연함은 당신이 직장 동료들, 가족 등 주변 사람들과 관계를 형성하는 능력을 통해 발휘된다. 그리고 당신이 그리는 이상적인 삶에 포함되지 않는 사람들과 관계를 형성하는 과정에서도 발현된다.

모든 값진 관계는 시간과 함께 만들어진다. 어떤 사람들은 자신의 고독을 끊어내고 싶어서 안달한다. 하지만 풍요로운 관계들이 존속하고 견고해지기 위해 시간이 필요하듯이, 그들의 상황도 하룻밤 사이에 변할 수 있는 것이 아니다. 그러므로 인내할 수 있는 여유가 필요하다. 현재에 충실한 것, 이것은 곧 자기 인생에 대해 참을성을 보여주는 것이다.

| 거짓자기 끊어내기 |

거짓자기를 반드시 끊어내야 한다. 타인들이 바라는 모습을 보이는 것, 나아가 그들의 기대에 부응하기 위해 내가 아닌 인물을 연기하는 것은 깊은 고독감만 야기할 뿐이다. 물론 처음에는 이 고독감이 '존중받고' '사랑받는' 즐거움으로 상쇄되기도 하지만, 장기적으로 보면 그 즐거움이 진실한 관계를 대신하지는 못한다.

타인들이 우리에게 다가오게끔 하려면 자기 자신을 사랑하는 것, 다시 말해 있는 그대로의 자신, 자신의 장점과 단점, 한계 그리고 과거의 실수들을 인정해 자신이 사랑받을 가치가 있다고 자각하는 일이 필요하다. 그러기 위해서는 반드시, 진정한 자아를 상실케 하고 그 풍부한 가능성을 막는 거짓자기를 버려야 한다. 백마 탄 왕자나 아름다운 공주는 일상과는 거리가 먼 완벽한 이미지일 뿐이다. 그들은 우리를 위대한 사랑에 빠지게 하려고 만들어진 책 속의 인물들일 뿐, 우리는 그들에게 어떠한 권리도 주장할 수 없다. 더욱이 우리가 그러한 인물을 만나거나 위대한 사랑에 빠지기에 너무 부족하다고 생각할 이유도 없다.

자신이 받을 수 있는 사랑을 사회적 성공의 물질적인 증거들과 연결해서는 안 된다. 사랑받아야 하는 것은 우리 자신이지 우리가 이룬 것이 아니다. 마찬가지로 우리는 타인을 있는 그대로 사랑해야 한다. 물론 누군가의 활동 무대가 그 사람의 특성 중 많은 부분을 보여주는 것은 사실이다. 그렇다고는 해도 우리는 그 사람의 성공 가능성과 무관하게 그를 사랑해야 한다.

우리는 실수할 수 있다는 사실을 받아들여야 한다. 연인 관계를 비롯한 모든 친밀한 관계들에서 초인이 되길 바라는 것은 실패의 지름길이다. 우정과 연인 관계는 솔직함과 신뢰, 공감에 뿌리를 둔다. 이러한 관계들에서는 자신의 약점들을 드러내는 것이 곧 타인을 신뢰하고 있다는 뜻이다.

| 대화를 시작하기 |

결론적으로 고독에서 벗어나는 것은 모르는 사람과 관계 맺는 법을 다시금 배우는 것이다. 그리고 불안전한 순간에조차도 기꺼이 그 관계를 영위하는 것이다. 이러한 자세에는 자신과 타인에 대한 섬세함과 참을성이 요구된다.

또한 이는 후회와 원한, 그리고 지난 실패의 기억에서 벗어나는 것에서부터 시작해야 한다. 각각의 관계는 유일하다. 향수나 후회로 오랜 관계의 흔적들을 간직하는 것은 다가올 사람에게 온전히 자리를 내어주지 않는 것과 같다. 우리는 사랑하고 사랑받는 데 완전히 자유롭지 않는 한 타인에게 마음을 열 수 없다.

"자라 보고 놀란 가슴 솥뚜껑 보고 놀란다."라는 말이 있다. 과거의 상처들이나 현재 망설이고 있는 것, 그리고 실패에 따른 느낌이 무엇이든지, 우리는 자기 자신에게 항상 선택받고 사랑받을 자격이 있다고 끊임없이 말해야 한다. 만약 이 사실에 대한 의심을 떨쳐내지 못해서 숨이 막힐 지경이라면 믿을 만한 친구에게 그것을 털어놓는 것도 방법이다. 물론 사랑하는 사람에게 털어놓을 수도 있다.

다른 사람에게 말하는 행위는 되풀이되는 고독에서 벗어나는 방법이기도 하다. 고독은 독백으로 이어지고 그 독백은 되풀이된다. 대화는 견고한 관계를 구성하는 요소들이기도 한 경청과 상호이해, 교류, 유대의 장을 열기 때문에 유익하다. 고독에서 벗어나기 위해서는 타인, 친구, 비밀을 털어놓을 만한 사람 등 자신감과 자아존중감을 회복시켜주는 존재에게 다가서는 첫 걸음을 떼야 한다. 우리는 자신에게 동료, 나아가 친구를 찾을 수 있다는 확신이 있어야만 자신과 더 많은 것을 함께 나눌 사람을 찾아보려 한다.

타인과 함께하며 자기 자신이 되는 모험

심리치료사는 직업상 내담자의 말을 적절하고 중립적이며 너그러운 방식으로 경청한다. 그리고 이러한 방식의 경청은 내담자에게 그가 적용할 수 없을 것 같은 수많은 조언들을 노골적으로 하지 않도록 자제하는 데 도움이 된다.

정신분석가는 고독을 불평하는 것이 삶에서 느끼는 공허감의 신호라는 것을 알고 있다. 이 공허감은 마치 사회적·물리적 삶에서 겪는 고통처럼 자신의 내면에서 고통을 느끼게 한다. 그리고 그 공허가 복잡한 개인사의 산물이라는 점 또한 잘 알고 있다.

내담자는 정신분석가와의 지속적인 만남을 통해, 자신의 절망을 억누르고 그것이 우울로 변하지 않도록 도움을 받는다. 고독으로 고통받는 내담자는 정신분석가가 자신의 말을 경청한다는 사실 덕분에 현실을 견디어내면서 자신을 옥죄는 세계를 스스로 어떻게 이해하고 있는지 고찰하고 발견할 수 있을 것이다.

정신분석적 치료는 내담자가 타인과 구별되는 자기만의 특성을 인식하고 이해하는 과정을 통해 타인과 구별된 존재로서 자신을 느끼도록 해주는 '개별화 과정'을 거친다. 내담자는 이 과정을 통해 진정한 자기 정체성을 찾고 이 새로운 정체성을 완전히 수용할 수 있다. 이 개별화 과정은 내담자가 자기 인격의 일관성을 가꾸는 기나긴 작업이다. 내담자는 이 작업으로 참자기를 되찾아, 다시 자립할 수 있을 것은 물론이거니와 사람들과 깊고 만족스러운 관계들도 맺을 수 있을 것이다.

프랑스 정신분석가 세르주 티스롱(Serge Tisseron)은 "분석치료란 개개인이 타인과 함께하며 자기 자신이 되는 모험이다."라고 적었다. 분석치료와 분석적 심리치료의 공간은 우리가 세상에서 경험한 것들을 단어와 이미지로 표현할 수 있는 곳이자, 언어가 상징적인 힘을 지닐 수 있는 공간이다. 그리고 바로 여기서 고독으로 고통받는 내담자들이 자신을 발견할 수 있는 공간이 열린다. 이 공간에서 내담자들은 그동안 자신이 남용해왔던 방어적이고 부적절한 대답들에서 자유로워져 자기 발견을 위해 투자하고 변화에 대한 능력을 회복할 수 있다.

많은 사람들은 바로 이 공간에서 자기 자신, 그리고 삶과 화해할 수 있었다. 그들은 분석치료를 통해, 주변인들과 관계를 맺지 못하고 만족스러운 관계를 경험하지 못해 느끼는 어려움들을 극복할 수 있었고, 현재를 긍정적으로 사는 법을 배울 수도 있었다.

타인과 함께한다는 것은 그와의 대면을 받아들인다는 의미이다. 그리고 이것을 학습하는 데에는 분석치료가 최선이다. 이때 임상의의 말은 중요한 역할을 한다. 내담자들의 고독은 자기 자리를 거의 찾을 수 없는 세상에서 느끼는 고통의 징후라, 그 고독을 극복하는 것이 그들에겐 엄청난 위험을 감수하는 일이다.

물론 말을 이용한 다른 형태의 치료들도 존재한다. 가령 인지행동치료, 대인관계치료, 인본주의치료, 또는 무리 속에서의 개인발달치료 등이 있다. 이에 관심 있는 사람들이라면 인터넷에서 수많은 정보를 참조할 수 있다. 하지만 나는 이 책을 쓰는 데 그 정보들을 인용하고자 하지 않았다. 그것은 애당초 이 책의 목적이 아니었기 때문이다. 나는 내가 확실하게 언급할 수 있는 나의 지식과 임상의로서의 수년간의 경험에 따라 이 책을 집필한 데 만족한다. 그리고 나의 내담자들이 나와 함께 결실을 이루어내는 데 항상 고맙게 생각한다.

타인, 자기를 발견하는
새로운 공간

고독은 비와 같은 것

저물 무렵 바다에서 올라와

멀고 먼 쓸쓸한 들로부터

언제나 고적한 하늘로 간다

어둠이 사라지는 시각에 비는 내린다

일체의 것이 아침으로 향하고

아무것도 찾아내지 못한 육신들이

실망과 슬픔에 잠겨 떠나갈 때

그리고 서로 미워하는 사람들이

같은 잠자리에서 함께 잠을 이루어야 할 때

강물과 더불어 고독은 흘러간다

_라이너 마리아 릴케, 〈고독〉[1]

나는 라이너 마리아 릴케의 이 시를 좋아한다. 그녀는 여기서 인간의 존재론적 고독이 친구에게 마음을 열거나 닫는 행위의 결실이라는 점을 온전히 표현하고 있다.

소수의 친구들 무리에서 안식처를 찾으려 하든, 친구 관계를 늘리기를 원하든, 만약 이탈리아 소설가 엘레나 페란테(Elena Ferrante)가 자신의 베스트셀러[2]에서 소개한 것과 같은 깊고 유일하며 놀라운 우정을 찾고 있다면, 당신은 이미 행복으로 가는 자연스러운 흐름 속에 있는 것이다. 이때 우리는 정서적 관계를 향한 자신의 욕구를 자각하고 그 관계에 의존한다는 사실을 인정하는 것이 중요하다. 그것은 우리 자신에게 유익하며, 우리가 새로운 관계를 형성하고 타인들에게 다가가는 데 도움이 되기 때문이다.

인생의 도전과제, 즉 새로운 사회 경향에 관계없이 어쩌면 살면서 반드시 풀어야 하는 도전과제는 바로 누군가를 찾는 것이다. 즉 우리는 자신에게 가장 적합할 연애 방식을 이해하는 순간 자신과 항상 함께 있으면서 편안함을 느낄 사람, 자신이 친밀하고자 원하는 만큼 가까워질 수 있을 사람을 찾게 되는 것이다.

---

1 '춤추는 고래'에서 펴낸 《우리들이 사랑하는 세계의 명시 365》에서 발췌.
2 *L'Amie prodigieuse*, Gallimard, 2014.

두 사람이 함께 살거나 정서적 수준에서 성숙한 애정 관계를 형성하기 위해서는 관심과 배려라는 상호 노력이 필요하다. 프랑스 시인 루이 아라공(Louis Aragon)은 자신의 시에서 "인간에게 당연하게 주어진 것은 아무것도 없다."라고 했다. 이는 특히 감정적인 면에서는 진실한 주장이다. 오늘날 너무 많은 커플들과 친구들은 상대의 애정을 너무나도 당연한 것으로 여기고 있다.

하지만 관계는 함께 유지할 때 존재하는 것이다. 상대를 찾았다면 그에게 관심을 기울이도록 노력해야 한다. 하지만 불안정하고 해로운 관계에 들어섰다면 그 관계로부터 벗어나야 한다.

고독에서 벗어난다는 것은 어떠한 대가를 치르고서라도 고독에서 벗어나야 한다는 말이 아니다. 만약 당신의 감정들을 쥐락펴락하며 당신의 두려움과 약점을 이용해 당신을 조종하려 하는 사람들이 있다면 그들에게서 피하거나 아주 빨리 도망쳐야 한다.

고독의 해결책은 관계의 양이 아닌 질에 달려 있다. 누구에게도 호감을 얻지 못한다는 사실을 알게 된 사람만큼 괴로운 사람은 없다. 관계는 있는데 친구는 없다는 사실을 자각하는 것만큼 끔찍한 일은 없다. 타인과의 관계는 그것이 유의미하고 양쪽 모두에게 만족감을 줄 때만 풍요로워질 수 있는 것이다.

만족스러운 관계란 타인을 알아가는 일, 그리고 배려와 존중으로 그에게 다가가는 노력 끝에 얻어질 것이다. 상대를 자기 인생에서 특별하고 유일한 존재로 여기며, 그에게 충실하고 기대를 유지하며 욕망을 잘 다루면서 말이다.

연인 관계에서 자기 자신을 아는 일보다 더 유익한 것은 없다. 자기 자신을 아는 일은 시장경제의 계산처럼 타인과의 관계를 합리화하거나 이를 최대한 활용하기 위한 것이 아니라, 단지 자기 욕망에 대해 오해하지 않도록 하기 위한 것이다. 먼저 나는 당신이 앞서 욕망과 욕구에 대해 기술한 부분들을 다시 읽어보기를 권한다. 그래서 당신이 욕망과 욕구에 대한 복잡한 표현과 이것들을 충분히 만족시키고 실현시켜줄 수 있는 대상을 정의하기 위해 종종 우회적으로 차용한 방법들을 이해할 수 있기를 바란다.

욕망의 정신분석적 연구를 살펴보면, 완전하고 충만하며 결정적인 만족이란 존재하지 않는다는 사실을 알게 된다. 그러므로 완벽한 우정, 그리고 현실원리로 귀결된 완벽한 사랑 이야기가 허구라는 사실을 이해한다면, 우리는 마음의 평온을 얻는데 자신에게 적합한 만남을 스스로 찾을 수 있을 것이다. 우리가 먼저 손을 내밀어 이기적인 안락의 고리를 끊어버리고 타인을 신뢰한다면 사랑이나 우정 또는 단순한 동료지간에도 풍요롭고 만족스러운 관계를 형성할 수 있다는 점은 거듭 강조할 필요가 있다.

작가 윌리엄 패트릭(William Patrick)은 "우리는 각자의 동반자를 통해 고독에 대한 해답을 얻을 수 있다. 다른 어느 누구도 예상할 수 없고 개인이 혼자서는 실현할 수 없는 해결책들 말이다."라고 적었다.

마찬가지로 인간의 감정과 정신현상은 매우 복잡하고 섬세하며, 인간은 유일하고 개별적인 존재라는 사실을 염두에 두어야 한다. 인간을 대체 가능한 존재로 여기는 것과 모든 사람들을 똑같은 방식으로 대하는 것은 중대한 오류이다. 우리와 마찬가지로, 우리가 스치는 모든 사람들은 다른 사람과 비교될 수 있는 존재가 아니다. 설령 타인들이 우리와 같은 즐거움과 고통을 느낀 것 같아 보여도, 그들은 우리와 똑같은 방식으로 반응하거나 행동하지 않는다. 프랑스 철학자 블라디미르 얀켈레비치(Vladimir Jankélévitch)의 말처럼, 인간의 모든 신비로움은 바로 이 점에 있다. 인간은 유일하고 대체 불가능한 존재이기 때문에 무엇으로도 그 존재를 부정할 수 없는 것이다. 또한 인간은 끝없이 욕망하는 존재이기 때문에 상대의 욕망을 완전히 충족시킬 수는 없다. 그렇기 때문에 우리는 자신만의 특성과 신비로움을 잃지 않아야 한다. 그래야 자신이 상대에게 마르지 않는 사랑의 욕구를 충족시킬 수 있는 대상인지 확인하려는 욕망이 온전하게 남아 사라지지 않는 것이다.

나는 짓밟히거나 무시된 욕망의 메커니즘이 고독감과 연관되어 있다는 사실을 종종 확인한다. 또한 우리는 매일 새로운 사람들을 만나면서도, 심지어 매일 밤 파트너를 바꾸면서도, 혼자인 듯한 외로움을 느낄 수 있다. 이는 관계의 빈도와 질이 고독감의 해답이 되지 않기 때문이다.

따라서 우리가 겪는 고독을 성찰하는 데에는 자신이 누구인지, 그리고 우리가 생각하는 고독의 문제들이 무엇인지 구별할 줄 아는 것이 가장 중요하다. 앞서 설명한 바와 같이, 고독은 몹시 보편화되었고 오늘날 '사회의 병'으로 여겨지기까지 한다. 그래서 갈수록 고독은 치료받아야 할 것으로 여겨진다. 나는 고독을 치료 불가능한 숙명이라 여기며 이를 고치려 하기보다는, 사람들이 고독을 보편적으로 겪게끔 만든 객관적인 원인들을 고찰하는 것이 선행되어야 한다고 생각한다. 고독에 고통받는 이유는, 설령 일시적으로나마 고독의 작은 이점들을 맛볼 수 있다 해도 대개 그 이점들이 증폭된 이기주의, 그리고 견고하며 지속적인 관계의 나태함과 연결되어 사실상 어느 누구도 진정 행복하지 않다는 데 있다.

새로운 고독은 관계에 대한 교육의 부재에서 기인한다. 다시 말해 관계 모델들이 드물어졌고, 누구도 관계에 대해 가르쳐주지 않았거나 우리가 이를 더 이상 자녀들에게 가르치고 있지 않다는 의미이다. 나는 바로 이 점이 미셸 우엘벡(Michel Houellebecq)의 소설《소립자(Les Particules entaires)》의 핵심 주제라는 점을 강조한 바 있다.

우리는 현대 삶의 방식과 새로운 만남의 방식들을 분별하는 것, 그리고 즐거움의 대상을 고갈시켜가는 영원한 쾌락과 모든 욕망을 즉각적으로 충족시키는 상품과 시장을 가려내는 것을 통해 타인에게 다가가는 길로 들어설 수 있다. 그리고 이 길에 들어서기 위해서는 자신의 독자성과 고귀함, 그리고 상업적 가치가 아닌 본질적이고 정신적인 가치를 되새기며 자기 자신에게 다시 집중할 필요가 있다.

우리는 발전이라는 숙명에 편입된다는 생각으로 사회변화의 수동적 희생자가 되어서는 안 된다. 사실 이러한 변화에 온전히 만족하는 사람도 없다. 더욱이 모든 만족스러운 관계는 상호합의나 상호거부에 달려 있다.

젊은 세대들을 비롯한 많은 사람에게 자기 자신을 찾거나 모두와 조화롭게 사는 법이 아닌, 자신의 고독에 만족하고 적응하는 법을 알려주고 싶지만 여기에는 염려스러운 점이 있다. 나는 이 책의 서문에서 명상과 같은 고독은 곧 기술이자 젊음의 원천이고, 이 고독을 즐긴다면 고독은 자신의 내면세계를 온전히 경험할 수 있는 기회가 될 것이라고 말했다. 일시적인 고독은 단순히 한 발자국 물러서는 행위일 수 있다. 하지만 동의되지 않은 고독, 어쩔 수 없는 고독, 준비되지 않은 고독, 어린 시절의 환상과 젊은 세대들에게 권하는 큰 야망들이 빚어낸 허구들에 의한 고독이라면, 그 고독은 세상에서 가장 끔찍한 감옥으로 와 닿는 것이다. 그리고 어느 누구도 주변인들과의 정서적·지적 교류 없이 살 수 없는 탓에 이러한 고독은 결국 지적 능력을 감퇴시킨다.

나는 이 책에서 현대사회의 고독의 주된 뿌리가 무엇인지, 그리고 관계라는 것이 특히 인터넷상에서 얼마만큼의 상업적 가치 또는 경쟁과 대립의 주체가 되었는지 설명했다. 그리고 타인은 더 이상 하나의 존재가 아니라, 우리가 조금의 공유와 양보도 없이 소유하려고 하는 대상이 되었다고 기술했다.

신경학자 카트린 모랭(Catherine Morin)은 고독의 사회학적 분석을 통해 이 문제를 명확하게 제기했다. 그녀는 "모든 사람은 주변의 몇몇 사람들과의 관계에서 누구도 자신을 이해해주지 않는다며, 또는 상대를 이해할 수 없다며 불평한다. 이는 분석 대상의 불평이기도 하다. 하지만 그는 정신의학에서 조금의 답도 얻지 못할 것이다.

오히려 피분석가는 자신과 타인을 이해하고자 하는 마음의 저변에는 대게 자신의 이미지를 내려놓는 것을 거부하고 타인과의 어떠한 동일화로도 채울 수 없는 결핍을 가지고 있다는 것을 인정하지 않으려는 마음이 깔려 있다는 것을 알게 될 것이다."라고 했다. 따라서 인간을 단순화하고 인간성을 훼손하는 경향에 맞서는 일은 우리의 몫이다. 우리는 모두 자신의 운명과 자신이 선택하는 사람에 대해 숙고할 수 있는 능력을 지니고 있다. 또한 헌신과 경청, 이타심을 통해 성숙해질 수 있는 가능성도 지니고 있다. 더욱이 자신의 사회적 에너지를 어디에 투자할지 선택할 수 있는 자유도 있다.

우리는 기술 혁명이 야기하는 이 새로운 고독의 거부를 선택할 의무가 있다. 비록 기술 혁명에 여러 이점들, 가령 강제성이 점점 줄어드는 자유가 있다 해도 말이다. 고독은 항상 진정하지만은 않은 그 자유에 치러야 하는 극도로 무거운 대가이다. 나는 당신이 우정과 사랑이 없는 인생, 그리고 그 관계가 열어주는 진정한 만남과 유익하고 즐거운 대화의 전율이 없는 일상적인 활동으로 전락한 인생의 값을 치를 준비가 되지 않았음을 알고 있다.

이 책을 마치기 전에 나는 《어린 왕자》에서 발췌한 다음 두 부분이 당신의 생각 속에 깊이 남기를 바란다.

보편적으로 어린왕자에 대한 여우의 행동들은 가장 순수하고 계산 없는 사랑의 관계를 그려낸다. 나는 부모들, 그리고 자신의 정서적 관계들에 가장 참을성이 없고 극단적인 내담자들에게 항상 이 책을 권한다. 왜냐하면 이 앙투안 생텍쥐페리(Antoine Saint-Exupéry)의 걸

작은 바로 이 점에 대해 어느 누구보다 잘 풀어내고 있기 때문이다.

이 소설은 가장 세련된 방식으로 사랑과 우정에 대한 중요한 질문들을 제시하고 있다. 얼른 그 책을 다시 읽어보기를 바란다.

"이리 와서 나하고 놀자." 어린 왕자가 여우에게 말했다. "나는 너무 외로워."

그러자 여우가 말했다. "난 너하고 놀 수 없어. 난 길들지 않았거든."

(…)

"길들인다는 게 무슨 뜻이야?"

"그건 너무나도 잊고 있는 일이야." 여우가 말했다. "그건 '관계를 맺는다'는 뜻이야."

(…)

"누구건 자기가 길들인 것밖엔 알 수가 없어." 여우가 말했다. "사람들은 이제 뭘 알 시간조차 갖지 못하게 됐어. 그들은 가게에서 다 만들어진 것들을 사지. 하지만 친구를 파는 가게는 없어. 그래서 그들에겐 친구가 없어. 네가 친구를 원한다면 나를 길들여봐!"

"어떻게 해야 하는 거지?" 어린 왕자가 물었다.

"참을성이 많아야 해." 여우가 대답했다.[3]

---

3 《어린왕자》, '부북스'에서 펴낸 변광배 역에서 발췌.

참고 자료

· Catherine Aimelet-Perissol et Aurore Aimelet, 《Apprivoiser sa culpabilité》

· Sophie Cadalen et Sophie Guillou, 《Tout pour plaire et toujours célibataire. Rencontrer l'amour》

· Dr Stéphane Clerget, 《Les kilos émotionnels. Comment s'en libérer》

· et Bernadette Costa-Prades, 《L'amour et les kilos》

· Rose-Marie Charest, 《La dynamique amoureuse. L'alchimie du couple》

· Béatrice Copper-Royer, 《Le jour où les enfants s'en vont》

· et Marie Guyot, 《Quand l'amour emprisonne. Parents, conjoints, amis, collégues…》

· Pascal Couderc (avec la collaboration avec Catherine Siguret), 《L'amour au coin de l'écran. Du fantasme à la réalité》

· Elsa Godart, 《Ce qui dépend de moi. Petites leçons de sagesse》

· Isabelle Méténier et Hamid Aguini, 《La rébellion positive. En famille, en couple, face à sa hiérarchie》

· Dr Sylvain Mimoun, 《Ce que les femmes préfèrent》

· Ghislaine Paris (en collaboration avec Bernadette Costa-Prades), 《Faire l'amour pour éviter la guerre dans le couple》

· Nicole Prieur, 《Petits règlements de compte en famille》

· Nicole Prieur et Isabelle Gravillon

— 《Arrêtez de vous disputer》

— 《Nos enfants, ces petits philosophes》

· Nicole Prieur et Bernard Prieur, 《La famille, l'argent, l'amour》, 《Les enjeux psychologiques des questions matérielles》

· Bernard Prieur et Sophie Guillou, 《L'argent dans le couple》

· Isabelle de Roux et Karine Ségard, 《Ma famille, mes fantômes. Guérir du lien quand il fait mal》

· Maryse Vaillant, 《Les hommes, l'amour, la fidélité》

—,《Être mère : mission impossible?》

— et Sophie Carquain, 《Entre soeurs. Une question de féminité》

—, 《Récits de divan, propos de fauteuil. Comment la psychanalyse peut changer la vie》

—, 《La répétition amoureuse. Sortir de l'échec》

—, 《Pardonner à ses enfants. De la déception à l'apaisement》